CARTAS & MÁXIMAS PRINCIPAIS
"Como um deus entre os homens"

EPICURO (342-270 a.C.) nasceu na ilha de Samos e passou grande parte da vida em Atenas. Fundou uma importante escola filosófica da Antiguidade, baseada na busca da felicidade (*eudamonia*), que só seria alcançada pela libertação da alma face a temores e crenças infundadas, proposta última do epicurismo. Poucos fragmentos de sua doutrina chegaram até nós e muito do que se sabe sobre seu pensamento veio através de discípulos e críticos. A filosofia de Epicuro divide-se em três partes: o estudo dos critérios de verdade, a física e a ética, em vista de que tudo o mais é estudado. Nos arredores de Atenas, fundou o Jardim, uma "comunidade-escola" — espaço dedicado ao cultivo filosófico e à vida comunitária. A diversidade dos moradores do Jardim era notável: jovens e anciãos, homens e mulheres, pobres e ricos, estrangeiros, todos juntos desfrutavam do prazer e da confiança proporcionados por laços de amizade. Primeira filosofia grega amplamente difundida em Roma, o epicurismo buscava o prazer através da eliminação da dor física e da tranquilidade da alma (*ataraxia*). Para isso, estabeleceu o *tetrapharmakon*, o "quádruplo remédio": "Não há por que temer os deuses,/ A morte nada pode contra nós,/ O bem é fácil de alcançar,/ O sofrimento é fácil de suportar".

MARIA CECÍLIA LEONEL GOMES DOS REIS nasceu em São Paulo em 1956. É professora da Universidade Federal do ABC (UFABC), com doutorado em filosofia pela Universidade de São Paulo (USP) e graduação em artes plásticas pela Fundação Armando Álvares Penteado (Faap). Escritora e tradutora, verteu do grego o tratado *De anima*, de Aristóteles, trabalho pelo qual recebeu menção honrosa no prêmio União Latina de tradução especializada, e também o *Fedro*, de Platão. Publicou em 2008 sua primeira obra de ficção, *O mundo segundo Laura Ni*, romance finalista do prêmio São Paulo de Literatura, e em 2011, a novela *A vida obscena de Anton Blau*, ambos pela Editora 34.

TIM O'KEEFE nasceu em Nova York. É professor associado de filosofia na Georgia State University e autor de *Epicurus on Freedom* (Cambridge University Press, 2005) e *Epicureanism* (University of California Press, 2009), além de muitos outros artigos e capítulos de livro.

EPICURO

Cartas & Máximas principais
"Como um deus entre os homens"

Tradução do grego, apresentação e notas de
MARIA CECÍLIA GOMES DOS REIS

Introdução de
TIM O'KEEFE

3ª reimpressão

COMPANHIA DAS LETRAS

Copyright © 2021 by Penguin-Companhia das Letras
Copyright da introdução © 2009 by Tim O'Keefe

Grafia atualizada segundo o Acordo Ortográfico da Língua Portuguesa de 1990, que entrou em vigor no Brasil em 2009.

Penguin and the associated logo and trade dress are registered and/or unregistered trademarks of Penguin Books Limited and/or Penguin Group (USA) Inc. Used with permission.

Published by Companhia das Letras in association with Penguin Group (USA) Inc.

PREPARAÇÃO
Cláudia Cantarin

REVISÃO
Carmen T. S. Costa
Clara Diament

Dados Internacionais de Catalogação na Publicação (CIP)
(Câmara Brasileira do Livro, SP, Brasil)

Epicuro
 Cartas & Máximas principais: "Como um deus entre os homens" / Epicuro ; tradução, apresentação e notas de Maria Cecília Gomes dos Reis ; introdução de Tim O'Keefe. — 1ª ed. — São Paulo: Penguin Companhia das Letras, 2020.

ISBN 978-85-8285-107-4

1. Epicuro – Crítica e representação 2. Filosofia antiga 3. Filosofia grega antiga 2. Máximas gregas – História e crítica antiga I. Reis, Maria Cecília Gomes dos. II. Título

20-34421   CDD-187

Índice para catálogo sistemático:
1. Epicuro : Filosofia antiga 187
Maria Alice Ferreira — Bibliotecária — CRB-8/7964

Todos os direitos desta edição reservados à
EDITORA SCHWARCZ S.A.
Rua Bandeira Paulista, 702, cj. 32
04532-002 — São Paulo — SP
Telefone: (11) 3707-3500
www.penguincompanhia.com.br
www.companhiadasletras.com.br
www.blogdacompanhia.com.br

Sumário

Apresentação — Maria Cecília Gomes dos Reis   7
Ação e responsabilidade — Tim O'Keefe   59

CARTA A MENECEU   83
CARTA A HERÓDOTO   91
CARTA A PÍTOCLES   111
MÁXIMAS PRINCIPAIS   125
DA NATUREZA, 25 — FRAG. A [1-22] e B [1-70]   133

Sumários analíticos e notas   139
Referências bibliográficas   211

Apresentação

MARIA CECÍLIA GOMES DOS REIS

O epicurismo é um dos sistemas filosóficos que floresceu no período helenístico, os séculos III, II e I antes da nossa era, a contar grosso modo da morte de Aristóteles em 322 a.C. Esta edição é uma coletânea da fonte primária para o estudo de Epicuro, o pensador grego que viveu entre 342 e 270 a.C., fundador de uma escola de filosofia — o Jardim — que atraía jovens de todo o mundo grego para Atenas.

O que o leitor encontrará neste volume são as três cartas ou breviários de filosofia dedicados a discípulos, bem como um conjunto de sentenças ou aforismos citados em *Vidas e opiniões de filósofos eminentes* por Diógenes Laércio (um compilador de biografias que viveu, na verdade, seiscentos anos depois de Epicuro, já no século III da nossa era, e que escrevia em grego). Diógenes Laércio conferiu a Epicuro um tratamento especial, ao selecionar e reproduzir na íntegra essas epístolas, como uma espécie de coroamento ao trabalho concluído. Sinal de respeito ou de genuíno envolvimento com a doutrina ensinada? Não há como saber. O epicurismo, de fato, tem importantes desdobramentos no período romano, tanto da República como do Império, de modo que, além do tronco grego, dispõe de um braço latino colossal no poema didático *De nerum natura*, composto por Lucrécio no início do século I a.C.

A "Carta a Meneceu" aparece em primeiro lugar por apresentar as vigas mestras do caminho epicurista para a felicidade pessoal — objetivo último da formação em filosofia. A ética vem então como entrada suave ao texto mais técnico, a "Carta a Heródoto", um panorama de sua filosofia materialista da natureza. O conjunto é fechado com "Carta a Pítocles", sobre a teoria dos meteoros ou fenômenos celestes, o último tento na remoção definitiva de qualquer vestígio de superstição, e é arrematado pelas "Máximas". Em anexo, há ainda um importante fragmento do livro 25 do *Da natureza* — obra maior de Epicuro —, em que a liberdade de agir, no viés do desenvolvimento psicológico do ser humano, é discutida contra o determinismo de Demócrito de Abdera (o pré-socrático a quem se devem as bases do pensamento de Epicuro). Daquele importante tratado de física são conhecidas partes mutiladas, fragmentos que chegaram a nós soterrados na chamada Vila dos Papiros de Herculano — cidade próxima de Pompeia tragada pela erupção do Vesúvio, em 79 a.D.

Embora seja considerado um autor dos mais prolíficos, a esmagadora maioria dos escritos de Epicuro não chegou até nós. O epicurismo, aliás, sempre foi controverso e repudiado por praticamente todas as religiões. A doutrina nega, de fato, que o mundo seja criado e governado pelos deuses e reconhece na crença de punições divinas aos mortos a fonte das piores angústias dos seres humanos. Em seu estudo do firmamento e de ocorrências na atmosfera, Epicuro advoga que há diversas formas possíveis de explicar os fenômenos da abóbada celeste — fonte de todo tipo de misticismo.[1] Ora, a tradição grega anterior havia contemplado os céus como uma imagem móvel da eternidade, algo inegavelmente divino e fundamento de uma verdadeira teologia filosófica. Epicuro recusa completamente essa ideia. Para ele, a paz de espírito alcançada no plano individual é realmente o divino. A reação negativa a essas ideias foi generalizada. E mesmo o imperador Juliano, entusiasta do "paganismo", concordava com seus oponentes cristãos ao menos em um ponto:

o banimento de textos do epicurismo, ao afirmar que "os deuses corretamente os destruíram, para que muitos desses livros não fossem encontrados".[2]

O primeiro a empreender tanto a defesa da filosofia como a recuperação da imagem pessoal de Epicuro foi Pierre Gassendi (1592-1655), sacerdote e cientista, crítico aberto da tradição escolástica, defensor da mecânica de Galileu e professor de astronomia no Collège Royal de Paris. Precursor na pesquisa filológica, ele trabalhou na tradição manuscrita e em edições anteriores do livro 10 de Diógenes Laércio, reuniu todas as citações de Epicuro na literatura antiga e, com base nesse conjunto, publicou *Animadversiones in decimum librum Diogenis Laertii* [Observações sobre o livro 10 de Diógenes Laércio] (1649). Em poucas palavras, Gassendi adotou o empirismo de feitio epicurista (e nisso polemizou com Descartes) e adaptou-o à ciência e à filosofia modernas (e, com isso, trouxe a teoria do vazio para o campo experimental). Por outro lado, criticou teses centrais da teologia e psicologia epicuristas (por exemplo, o distanciamento dos deuses em face do mundo e a mortalidade da alma), cedendo, de certo modo, à pressão de cunho religioso.

Para apresentar esse autor, ademais, há antes uma questão incontornável: por que ler Epicuro hoje? Afinal:

> [...] parece suceder à filosofia grega o que não deve suceder a uma boa tragédia: ter um fim insosso; com Aristóteles, o Alexandre macedônio da filosofia grega, parece cessar a história objetiva da filosofia na Grécia; epicuristas, estoicos e céticos são encarados como suplemento quase inconveniente, totalmente desproporcional a suas formidáveis premissas.

As palavras são do jovem Karl Marx,[3] que absolutamente não endossa esse ponto de vista; para ele, o pensamento helenista é o fruto mais valioso da civilização grega.

E parece se servir dele como um espelho para aludir à própria identidade histórica: Epicuro está para Aristóteles assim como ele — Karl Heinrich Marx — estaria para Hegel. Epicuro é o filósofo grego cujo prestígio explodiu do século XIX para cá. Dentre os pensadores antigos reivindicados como antecessores — inclusive por linhas de pesquisa em ciência —, Epicuro ganha de longe o primeiro lugar. Ele seria o verdadeiro pai de ideias e tendências como a base materialista do marxismo, o princípio de incerteza da física quântica, a ideia de seleção natural, o problema da vontade livre, a doutrina da vida em comunidade afastada da política e, por fim e não menos importante, o repúdio à crença em castigos após a morte. Talvez ele seja o autor mais antigo no gênero do "manual de autoajuda". Mas como teria alcançado tal feito, um filósofo (diga-se "menor") de quem se conhece não muito mais do que cartas?

Em poucas palavras, Epicuro afirmou que o universo (e tudo o que contém) é formado de átomos em movimento no vazio do espaço infinito (sem nenhum poder criador), mas com um pequeno detalhe: postulou um desvio, ou melhor, uma mínima declinação imprevisível na trajetória das partículas microscópicas — o *clinamen* ou *paregklisis*. Assim, ele inova ao acolher um fator indeterminado em uma visão materialista do mundo e de um só golpe escapa do mecanicismo e dá lugar à liberdade de ação.

A tese de doutorado de Marx, redigida entre 1840 e 1841, intitula-se "Diferença entre a filosofia da natureza de Demócrito e Epicuro". No trabalho, e com o apoio de textos originais em grego e latim, o jovem Marx forja a dialética do materialismo histórico. No postulado do desvio, vê uma verdadeira qualificação do átomo — algo que Epicuro mesmo recusara: toda qualidade é mutável e átomos não mudam. Não obstante, Marx afirma tratar-se de consequência necessária, uma vez que a declinação "os individualiza e os faz diferentes de sua pura essência";

por meio do desvio, "o átomo é posto como existência exteriorizada", lançando-se como forma "em oposição à pura materialidade". Essa declinação, agora nas palavras (críticas) de Cícero, "é origem de complexões, copulações e adesões dos átomos entre si", a partir das quais teriam surgido o mundo e todas as partes do mundo e tudo o que há nele. Nos termos de Marx, a evasão atômica torna-se real quando referida àquela de outros átomos. A repulsão ou a convergência mútua é a síntese de suas materialidades e formas de determinação. Enfim, a repulsão, alega Marx, é a origem do "mundo fenomênico". E a lei da declinação percorre toda a filosofia epicurista: da finalidade na ação humana — o prazer como declinação da dor — à bem-aventurança divina — declinando de cuidar e preocupar-se com o mundo. Assim, "a repulsão é a primeira forma de autoconsciência".

Em 1881, Friedrich Nietzsche, por sua vez, anuncia, em *Aurora: Reflexões sobre os preconceitos morais* (§72), o triunfo de Epicuro, quando a ciência nos havia deixado "mais pobres num interesse: o 'post mortem'": "O cristianismo encontrou a noção de castigos infernais em todo o Império Romano: os numerosos cultos secretos a vinham chocando com particular deleite, como o ovo mais fértil do seu poder. Epicuro acreditou nada fazer de mais relevante aos seus iguais do que arrancar essa fé pela raiz".

Epicuro recebe mais tarde o crédito de descobridor do chamado *"free-will problem"* — as aporias ligadas à ideia de vontade livre.[4] David Sedley — editor dos fragmentos da obra magna em física de Epicuro —, dando voz a rumores acadêmicos, afirma que ele merece admiração por ter chegado, em bases puramente a priori, à possibilidade do indeterminismo na teoria do átomo, embora isso não fosse exatamente uma antecipação do Princípio de Incerteza das partículas subatômicas, formulado, em 1927, pelo físico Werner Heisenberg.[5] O atomismo antigo é estudado mais e mais, e as interpretações não param de surpreender. A análise de suas teses em torno da declinação atômica levou à seguinte conclusão: se o átomo é uma espécie de princípio generativo, isso se deve não a propriedades isoladas, e sim a "um princípio espontâneo de seleção" resultante da soma indefinida de átomos em movimento.[6]

Poder-se-ia supor, então, que Epicuro seja um autor inadequado ao leitor comum e de interesse limitado. Mas não é absolutamente esse o caso. Epicuro escreve para pessoas como nós, que se viam como cidadãs do mundo e que, de certo modo, estavam desencantadas com utopias sociais. Recomenda-lhes, de fato, o afastamento da vida política e, acima de tudo, que busquem em si mesmas e por si mesmas a liberdade e a felicidade possíveis aos seres humanos: o bem-estar advindo de prazeres fáceis de serem atendidos, incluindo aí principalmente a amizade.

A ÉPOCA, A VIDA E A PERSONALIDADE CONTROVERSA DE EPICURO

Epicuro tinha cerca de vinte anos quando, em 322 a.C., morre o sexagenário Aristóteles. A morte de Alexandre um ano antes assinala o término oficial do período grego clássico e marca os estertores de uma época, bem como o início das turbulências do período helenista nascente.

O jovem Epicuro esteve de fato em Atenas nesses dois anos cruciais. Ora, teriam porventura se encontrado Aristóteles e Epicuro? Afinal, a educação de um jovem na época passava por seu envio a uma escola de Atenas para um período variável de formação. Teria ele frequentado o Liceu e justamente em seus anos derradeiros, quando a escola ainda estava sob a liderança de seu fundador?

Não, sem sombra de dúvida. Epicuro estivera em Atenas, mas apenas para prestar o serviço militar. Aristóteles, por sua vez, havia partido para a ilha Eubeia — e morre em Cálcis um ano depois —, decerto fugindo do clima hostil à Macedônia disseminado em Atenas logo após o assassinato de seu pupilo e general, Alexandre Magno, e quando o mundo grego expandido resultará em um campo de batalha a ser partilhado entre seus ambiciosos generais. O impacto do novo cenário no pensamento filosófico não é pequeno.

O Império representara o alargamento de horizontes políticos, bem como a assimilação de povos e culturas diversos em nome da hegemonia grega, mas a um alto custo. A própria Grécia havia se tornado um protetorado sob a tutela de um vasto poder imperial. O apogeu da glória ateniense, que se seguira à vitória sobre os persas e tivera seu auge com Péricles, entre 446 e 431 a.C., ficara para trás. Com a morte de Alexandre, Atenas tentou reconquistar sua independência; mas, sem sucesso, acabou por aceitar que não passava de uma municipalidade controlada pela ocupação macedônica.

O ideal da *polis* como comunidade política autônoma, organizada para a plena realização humana na vida coletiva, estava definitivamente derrotado. É verdade que sinais de decadência vinham se fazendo notar. E antes mesmo da condenação de Sócrates à morte, em 399 a.C. (justamente pela democracia restaurada), cuja motivação não fora outra que apontar a debilidade da retórica para formar o caráter dos jovens atenienses dos quais dependia a qualidade da vida civil e pessoal. Depois, o mesmo diagnóstico mobilizará ainda Platão para a teoria política, com a proposição de uma formação matemática e dialética para os legisladores, únicos verdadeiramente capazes de apreciar o valor intrínseco da justiça e incuti-la no ambiente civil, submetendo a todos (a despeito do que pensa a grande maioria dos homens, voltados apenas ao prazer, prestígio e riqueza). Porém, nem o elevadíssimo projeto platônico para a cidade-Estado, nem tampouco a sóbria reflexão de Aristóteles, ao ponderar uma ética da cidadania (subordinada à política) ao lado de um ideal de vida contemplativa (plena realização do animal político), nada disso fazia mais sentido.

Da utopia social ao elitismo da vida teórica que marcaram o período clássico, tudo foi varrido com a perda de independência dos gregos. Do cidadão cioso de liberdade o que se esperava agora era apenas a subserviência do súdito. A filosofia helenista, com efeito, tem viés individualista: o próprio homem precisa buscar em si mesmo as bases da liberdade almejada. E a proposta de Epicuro será o recuo da vida pública e o retiro ao Jardim, onde a amizade é o vínculo principal das relações interpessoais. A sabedoria que propõe é igualitária e acessível a qualquer um, mas requer a disposição de trocar preconceitos por preceitos de uma ética emancipadora, cujo ideal é a *ataraxia*, ou seja, serenidade da alma alcançada com a eliminação do sofrimento.

Epicuro encontra Atenas essencialmente transformada quando volta para lá em 306 a.C. Embora a filosofia do Liceu na época ainda fosse influente, era pouco provável que ele tivesse buscado deliberadamente qualquer formação filosófica fosse na escola de Aristóteles, fosse na Academia de Platão, já então sob o comando de Xenócrates.[7] De fato, sua formação filosófica deu-se fora de Atenas e na década em que permaneceu em Cólofon, cidade jônica da Ásia Menor. Biografias da Antiguidade ligam o nome dele ao hedonismo de Aristipo de Cirene e à lógica de Nausífanes de Téos.

Segundo Diógenes Laércio, Epicuro era um ateniense do *demo* de Gargetos, criado em Samos, filho de colonos que haviam recebido um quinhão de terra na Ásia Menor e, ao se deslocarem na última de três ondas migratórias para além do mar Egeu, buscavam por certo uma vida melhor. Ora, como essa migração realmente ocorreu em 351 a.C., o mais provável é que Epicuro tenha nascido por lá. Neoclés, seu pai, era mestre-escola [*grammatodidaskalos*] e sua mãe, Queréstrata, de origem trácia, parece ter sido o tipo de mulher (bem comum naqueles dias) que ganhava a vida com a prática de encantamentos e exorcismos. Contudo, as decorrências políticas no império colapsado levaram sua família a refugiar-se em Cólofon, na costa asiática, depois da expulsão dos colonos atenienses de Samos; há indícios de que Epicuro, ao sair de Atenas, em 322 a.C., foi ao encontro dos pais e com eles compartilhou a adversa experiência de exilado até completar trinta anos. De criança diz-se que já mostrava um temperamento insurgente: Apolodoro, no primeiro livro da *Vida de Epicuro*, conta que ele logo se interessou por filosofia repudiando seus mestres-escolas, "que não souberam explicar-lhe o sentido do *Khaos* em Hesíodo" (*epeidé mè edynêthesan hermêneusi authôi ta peri tou par' Hesiodôi khaous* — Diógenes Laércio, doravante DL, livro 10, §2). O próprio Epicuro, por sua vez, afirma que seu primeiro contato com a filosofia ocorreu aos catorze anos, época em que foi encaminhado para a ilha de Téos, com o objetivo de estudar com Nausífanes, antes de seguir para o serviço militar em Atenas.

A respeito de Nausífanes não se sabe muita coisa, apenas que ele se dizia um discípulo de Demócrito de Abdera, bastante influenciado pelo ceticismo de Pirro; há notícia de ter publicado um livro: *Tripoda* (que estaria na base da teoria do conhecimento de Epicuro).[8] Nausífanes, aliás, recebeu sinais da mais solene ingratidão do discípulo, que a ele se dirigiu nos seguintes termos: um verdadeiro "molusco" de insensibilidade, "iletrado e fraudador", não passava de um "prostituto" (DL, 10, 8). Contudo, é provável que dele tenha recebido o ensino sobre o atomismo de Demócrito — a quem Epicuro "tudo deve, no que concerne à sua Física", na avaliação de Cícero (*De natura deorum*, 1, 73) —, não obstante sua explícita pretensão de autodidata.

Há registro de que Epicuro estava fixado em Mitelene, na ilha de Lesbos, por volta de 310 a.C., quando teve início sua atividade propriamente filosófica. Mas a ida para

Lâmpsaco, no estreito entre o Mediterrâneo e o mar Negro, não tardou muito, e lá ele estabeleceu uma comunidade ao reunir em torno de si alguns adeptos e seguidores dos preceitos de vida que pregava, inclusive mulheres — muitas *heteras* (companheiras, no sentido de cortesãs). Dentre esses discípulos contava-se gente possuidora de bens, pois ele teve um apoiador para a aquisição de uma casa em Atenas e também do Jardim nos arredores da cidade em 306 a.C. De saúde frágil e incapaz de se locomover durante muitos anos (DL, 10, 7), morreu em 270 a.C. — ao que tudo indica em decorrência de problemas renais.

O rol de críticas ad hominem voltadas contra Epicuro chama atenção: era pouco estudado, insolente e vaidoso; por isso, passou para a história como um sujeito de educação sumária, que escrevia mal e descuidava do estilo, além de introduzir neologismos, empregar termos baixos e, o pior, oferecer explicações muitas vezes insuficientes, deixadas por isso mesmo (DL, 10, 6-9). Outros admitem, pelo contrário, ter sido ele um amigo gentil e dedicado, um irmão grato[9] e generoso — em suma, um homem de bem (DL, 10, 9-10). E o mérito da clareza, dizem alguns, existe tão somente pelo propósito de fazer-se entender por qualquer um.

A maledicência talvez tenha origem nas palavras de Epicuro a seu discípulo Pítocles, que autorizam tomá-lo por alguém que recusava a educação tradicional grega, tanto a dos sofistas como a do exigente projeto educacional proposto por Platão em matemática e dialética: "foge a todo pano da *paideia*!".

As críticas a Epicuro, no entanto, vão mais longe: há a acusação de idolatria e a de promoção de verdadeiro culto à sua volta. E de novo, para chegar a essa conclusão, basta ler seu testamento — também preservado por Diógenes Laércio — e suas cartas.[10] Aliás, conta-se que escreveu a algumas cortesãs, Temista e Leontion em particular, a quem teria se dirigido nestes termos: "Não sei como conceber o bem se excetuo os prazeres do paladar, os prazeres do sexo e aqueles derivados da audição e das formas" (DL, 10, 6). E estão expressas a vontade dele de transmitir os bens para a sobrevivência da comunidade epicurista de Atenas e a recomendação de que sejam mantidos dois tipos de cerimônia: uma heroica (para seus familiares, primeiros amigos fundadores e em seu próprio aniversário) e outra no dia de Apolo (vigésimo dia de cada mês), que parece ter sido planejada como um culto à divindade dele próprio, Epicuro (DL, 10, 16-20). Ora, viver entre os homens como um deus é precisamente o que ele promete — e sem meias palavras — em sua "Carta a Meneceu" (§135). E por certo ele tomava a si mesmo como aquele que havia alcançado o cume dessa aspiração.

Daí a idolatria: proliferavam estátuas, e a imagem dele era frequente em anéis. *Epikouros* (em sentido literal, "o auxiliador") seria por acaso o deus/fundador de uma nova seita? Nesse caso, caberia aproximar epicurismo e pitagorismo? A irmandade de seguidores do místico/filósofo matemático Pitágoras — ainda mais lendário e nebuloso do que Epicuro — foi outra ordem filosófica de sobrevida igualmente milenar. Deveria o epicurismo ser tomado, em suma e paradoxalmente, como uma espécie de religião? Há algumas ressalvas a esse tipo de interpretação.

O JARDIM

Epicuro adquiriu duas propriedades em Atenas: uma pequena casa próximo à colina das Ninfas e o famoso *kepos*, nos arredores da cidade (literalmente, um horto ou jardim), comprado por uma soma não pequena (oitenta minas, DL, 10, 11), e vizinho à prestigiada Academia de Platão. No Jardim encontramos um modo de vida comunitária menos ascética e abnegada do que a dos pitagóricos.

A comunidade epicurista, vale dizer, não tem caráter comunista, e sim comunitário. Epicuro era contrário à regra pitagórica de comunização dos bens — norma segundo a qual associados abriam mão do patrimônio pessoal e em certa medida se alienavam de suas posses ao ingressarem na irmandade; essa regra, aliás, também era defendida por Platão no que se refere aos guardiões na *República*. A vida frugal e quase austera usufruída no Jardim, se é que esteve assegurada, parece que dependia de diversas fontes, inclusive da cotização.[11]

Ora, entende-se por "escola" tão somente um grupo com afinidade intelectual e sob alguma espécie de liderança, que se reúne regularmente para ouvir e falar de filosofia em um lugar determinado, e com um vínculo de lealdade ao pensamento do fundador. E tudo isso, o epicurismo foi; daí contar-se o Jardim entre as quatro escolas de filosofia[12] estabelecidas em Atenas no século IV a.C. Com a difusão da doutrina mundo afora, o tipo de convite filosófico proposto pelo epicurismo e ouvido em qualquer mercado na Antiguidade poderia ser um chamado simples, do tipo: "Ei, você... quer ser feliz? A felicidade está em suas mãos! Isso nos foi revelado por um homem de serenidade e sabedoria divinas, que esteve entre nós: Epicuro".[13]

Mais do que um local de prazeres vulgares (como sugere a acepção moderna do termo "epicurista"), o Jardim era refúgio para uma vida frugal e afastada da política — outro motivo para o epicurismo bem cedo ter encontrado detratores. O que se oferecia era trocar a vida na cidade pela intimidade de uma pequena sociedade de amigos — os *philoi*, termo que, em grego, tem também a acepção de familiares (os irmãos e pais de Epicuro eram de fato membros da comunidade) —, como uma espécie de família filosófica.[14] Os laços de amizade promovem prazer (por isso a *philia* impõe-se como fator fundamental à felicidade) e confiança (amigos sabem que poderão contar uns com os outros, em caso de necessidade). O sábio epicurista vive como um deus entre os homens: com os seus semelhantes e graças a eles. Só assim desfrutam coletivamente algo como a bem-aventurança conhecida pelos deuses.

Epicuro toma por evidente o paralelo entre filosofia e medicina, analogia proveniente da mais pura tradição grega.[15] Se a medicina pode curar o corpo ao recuperar o equilíbrio de seus elementos mediante prescrições que recompõem certa ordem natural, assim também, e do mesmo modo, a filosofia pode recuperar a harmonia e curar a alma do homem. Filosoficamente planejada para conduzir o sujeito à felicidade, sua doutrina pode ser entendida como uma prática terapêutica.[16] Isso envolve uma dieta mental e passa por uma limpeza cognitiva com o propósito de eliminar toda ansiedade, embora não apenas isso. Epicuro promete eficiência na troca de angústia existencial por bem-estar por meio de uma *cognição* reorientada e de um regime de vida comunitária. A internalização de seu sistema filosófico constitui um novo modo de pensar o mundo e a vida, revelado por ele com minúcia e precisão.

De um realismo patente — assume o prazer como algo intrinsecamente bom —, o diagnóstico é que o maior obstáculo para a felicidade está na ansiedade em geral decorrente de superstições religiosas, com o risco de tornar-se verdadeira epidemia, quando as pessoas vivem assombradas por toda sorte de falsas crenças metafísicas.

Aquilo que Epicuro pregava para a cura se formula no *tetrapharmakon*[17] — seu "quádruplo remédio" de mandamentos claríssimos (em versão livre):

> *Não há por que temer os deuses,*
> *A morte nada pode contra nós,*
> *O bem é fácil de alcançar,*
> *O sofrimento é fácil de suportar.*

Eis a proposta sumária do epicurismo ao indivíduo que almeja saúde psíquica: ensiná-lo a conduzir sua alma da infelicidade (do temor de coisas que não são temíveis e do desejo daquilo que nos escapa) à felicidade — *eudamonia*, entendida como alegria de ser e existir —, pelo cultivo do único prazer verdadeiro, isto é, viver de modo simples e desfrutando do essencial (paz de espírito e amizade). A má fama de "dogmatismo intransigente" associa-se decerto à esperada docilidade do discípulo diante de um verdadeiro encantamento pela doutrina — o que na história do pensamento ocidental nunca combinou com filosofia, sempre ligada à busca pelo saber, não a um conjunto de respostas prontas, que ao adepto resta tão somente acatar. Ora, a fonte documental do epicurismo traz exatamente isto: breviários para memorização, máximas a decorar ou figurar em inscrições e anéis, mandamentos a serem adotados, seguidos ou evitados.

PANORAMA DA FILOSOFIA EPICURISTA

No que diz respeito às vigas mestras, há na filosofia de Epicuro certo número de afirmações que sem dúvida teriam desagradado a maioria dos gregos. Os dogmas da doutrina epicurista, à primeira vista, não são teses facilmente aceitáveis para a cultura clássica — quer para o homem comum, quer para quem traz qualquer formação em filosofia.

A começar pela concepção de que a ordem do cosmos resulta do mero choque e combinação de átomos — e a correlata afirmação da existência do vazio — e, ainda, pelo papel dos deuses. No epicurismo, o mundo nada tem de planejado — nenhum desígnio inteligente, nenhum criador beneficente, tampouco demiurgo informado —, pelo contrário: mundos diversos são formados no universo infinito, fruto de incalculáveis combinações de partículas indivisíveis e eternas no espaço intangível que, em algum momento, serão de novo dissolvidas nos mesmos elementos de que foram compostas. Longe de um *pantheon* olímpico, de onde divindades dispensam favores a uns em detrimento de outros, os deuses (compostos de átomos, bem como tudo o mais) existem à margem da humanidade e em uma região vazia entre os mundos [*metakosmia* ou *intermundia*], a gozar de plena imortalidade e bem-aventurança (talvez se trate de uma tentativa canhestra de resolver o paradoxo de seres divinos corpóreos e imperecíveis). Depois, pela recusa da imortalidade da alma, algo muito pouco atraente em particular com o prestígio que essa crença havia conquistado na principal filosofia do período clássico — o platonismo — e suas prerrogativas de acesso à própria inteligibilidade do mundo e aos mais elevados valores morais. Disso tudo, nada mais.

Para Epicuro, o único incorporal que existe por si é o vazio; e nada incorporal pode ter relação de causalidade com o que é corporal. Ora, a alma pode atuar sobre o corpo e ser afetada pelo que nele ocorre, e é a causa dos movimentos e das alterações do ser vivo. Por isso, segundo ele, a alma é algo de natureza corporal, composta de partes sutis — átomos — e disseminada pelo corpo, que nada seria além de um agregado físico, se não estiver animado por ela. A alma se dispersa, portanto, no momento da morte e se esvai com a degeneração do corpo. Por isso, não há por que temer a morte: se estou vivo, então a morte não está presente, e, quando estiver, eu é que não existirei mais ("Carta a Meneceu", §125). Daí também não passar de um erro a crença popular na sobrevivência da alma e carecer de sentido todo culto a mortos e heróis — exceto o do divino Epicuro —, que valeria apenas como ato de memória e lembrança (passageira, aliás, para a maioria dos homens). Enfim, nada do que o epicurismo ensina parece afinado ao gosto grego.

Não obstante, sua filosofia expandiu-se pelos quatro cantos do mundo — e, junto, a maledicência: ela cultiva não os encontros sóbrios da amizade, mas a luxúria em uma convivência infame (dos prazeres da mesa à admissão de escravos e mulheres cortesãs). A doutrina acabou associada a grupos de baderneiros, que na certa foram os responsáveis pela péssima reputação que a escola alcançou na Antiguidade. Por fim, disseminou-se a opinião de que Epicuro nada corrompeu ou destruiu porque nada mais havia a corromper ou destruir na Grécia de seus dias. Simples assim.

A filosofia de Epicuro é de caráter empirista (a fonte do conhecimento é a experiência sensível), de teor atomista (a doutrina de Demócrito reformada) e de viés hedonista (visa à felicidade por meio da busca calculada pelo prazer). Porém, não é nesses termos que o epicurismo costuma se apresentar.

Epicuro divide sua filosofia em três partes: Canônica, Física e Ética. É precisamente isso o que Diógenes Laércio diz em seu primeiro e mais importante *escólio*[18] — comentário pessoal, auxiliar no entendimento do autor (DL, 10, 30-4), com o qual contextualiza as três cartas, antes de citá-las. Trata-se decerto de uma sinopse da obra (perdida) de Epicuro, intitulada *Kanôn* — termo empregado para referir-se ao que chamaríamos epistemologia. A palavra grega, em sua acepção mais comum, designa o instrumento ou a ferramenta que assegura retidão (por exemplo, a régua e o prumo), com a qual uma construção pode ser erguida (pois não é algo sujeito a uma "autoridade" mais elevada). Daí também a noção moderna de cânone como um conjunto de obras, por exemplo, literárias que estabelece a norma geral de que são inferidas regras particulares e que mede a qualidade de um texto. Para Epicuro, o *kanôn* estabelece um critério evidente, com base no qual é possível julgar a verdade ou a falsidade de uma opinião qualquer. A inferência científica no epicurismo, como se verá, funda-se neste axioma principal: a sensação é verdadeira.

Canônica

A Canônica é a parte preliminar do sistema, que apresenta uma avaliação dos critérios de verdade e atende um requerimento inescapável: todo e qualquer processo de conhecimento precisa partir de algum tipo de certeza fundamental, pois somente assim não incorrerá no vício lógico de uma regressão ao infinito. Daí a recomendação de começar por uma Físico-Canônica: um terreno comum que se estende da teoria física e que explica o mecanismo da percepção sensível até a formação de conceitos primitivos (perfeitamente ancorados na evidência sensorial) e qualificados a apoiar o edifício cognitivo.

Porém, o propósito último do epicurismo é prático — assegurar uma vida feliz por meio de escolha calculada —, e conhecer a natureza por intermédio de uma investigação física criteriosa é útil tão somente na medida em que pode libertar a humanidade de seus dois maiores terrores: o pavor da interferência arbitrária do divino e o medo de punições após a morte.

No *Kanôn*, Epicuro afirma que critérios da verdade são as sensações [*aisthéseis*], as prenoções [*prolépseis*] e as afecções [*pathé*]; e os epicuristas acrescentam atos de apreensão das imagens do pensamento [*phantastikas epibolas tês dianoias* (DL, 10, 31, linhas 4-6)].

A sensação, o primeiro e mais importante critério de verdade, será explicada como uma relação de contato: um movimento produzido na *interação material*. O percebido é de certa maneira o próprio objeto, que nos alcança por meio de suas *emanações* — um tipo de fluxo físico ou corrente de partículas, proveniente dele e em direção a nós. O ser do objeto inclui, então, uma verdadeira difusão de si, por meio do que Epicuro chamará de "réplicas" ou simulacros ("Carta a Heródoto", §46-7).

Dito de outro modo, sentir equivale a ser afetado por algo; a impressão produzida por um corpo sobre o órgão sensorial é uma apresentação do corpo que o afeta, sem acréscimo ou subtração. A sensação é *alogos* (DL, 10, 31.9): unidade simples de cognição; "muda" e desprovida de significado, alheia a qualquer discurso e anterior ao encadeamento do raciocínio. Perceber pelos sentidos é um evento "fiador da própria evidência".[19]

Como interpretar, contudo, o axioma de que toda sensação é verdadeira? Pode-se dizer que a percepção sensível é uma ocorrência real, uma vez que é causada por algo exterior, cujo estado em dada circunstância se revela ao sentido de forma perfeitamente acurada. A analogia com a fotografia esclarece. A foto que mostra, por exemplo, alguém pequeno e pouco nítido não estará em conflito com outra que revela a mesma pessoa grande e em todos os seus detalhes. Espera-se, aliás, que sejam mesmo diferentes, tendo em vista que seus objetos de fato diferem: fulano ao longe, fulano de perto. A câmara não "mente", dado o caráter mecânico de um aparelho incapaz de interpretar. E, do mesmo modo, o olho: a impressão visual registra no órgão sensorial o estado da imagem que o afeta, revela a evidência do objeto emissor por uma afecção sensível puramente mecânica e antes de qualquer interpretação.[20]

Ademais, todas as percepções têm o mesmo status de verdade. Não existe escala, nem graus de evidência, tampouco outro critério acima delas: cada sensação apresenta a si mesma com legitimidade idêntica às demais. Daí também nenhuma sensação refutar outra sensação (DL, 10, 32.1-7). Enfim, segundo o cânone de Epicuro, os sentidos são sensores físicos equivalentes, cujos órgãos se afetam pela notícia material múltipla emitida por coisas no mundo. Caberá ao pensamento restituir, em seguida, a unidade do objeto, ao levar em conta as várias sensações apresentadas e igualmente verdadeiras.

De fato, para Epicuro, o pensamento é um tipo peculiar de percepção: pode envolver algo externo (por exemplo, pensar no ser humano), ou algo dado por uma introspecção (como o sentimento de prazer). Seja como for, pensar é um evento de natureza física não menos que perceber. Entretanto, o objeto que se oferece ao pensamento deve ter, por sua vez, um tipo de estabilidade e coesão (tal como a extensão do conceito), algo que a percepção singular não é capaz de fornecer. E é bem verdade também que, no epicurismo, não haverá lugar para nenhuma entidade inteligível inteiramente divorciada das imagens particulares que se apresentam pelos sentidos.

Tem-se, então, o segundo critério de verdade: a prenoção [*prolépsis*] — termo criado por Epicuro (de difícil tradução, mas peça crucial na Canônica) para designar, em geral, uma síntese de experiências repetidas. Talvez ela ganhe sua validade em razão de ser construída diretamente das sensações. Epicuro refere-se às prenoções não propriamente como verdadeiras [*aletheis*], mas como "claras" [*enargeis*]. De qualquer maneira, uma prenoção será precisamente isto: um tipo de esquema com os traços gerais, formado de imagens singulares sobrepostas e provenientes dos sentidos (via algum processo de triagem mecânica), bem como o ato pelo qual o referido esquema se coloca diante do pensamento. Além disso, como entidade física sutil que se oferece a pensar, a prenoção associa-se ainda e de imediato a sons articulados pela linguagem. É o que se pode depreender do exemplo apresentado por Diógenes Laércio (10, 33.4-7): quando, segundo uma prenoção, dizemos "homem", vem ao pensamento um esquema de homem promovido pelos sentidos. Assim, conceitos primitivos estarão disponíveis ao processo de conhecimento. O segundo critério de verdade seria, portanto, uma espécie de elo (seguro e garantido) entre a informação física não interpretada oferecida pelos sentidos e o discurso articulado, vocacionado, por seu turno, a expressar o encadeamento de raciocínios.

A sensação, de qualquer forma, é a fonte primeira de noções [*epinoiai*], visto que fornece a matéria-prima a partir da qual todas as construções cognitivas são formadas — quer por contato [*periptôsin*], por analogia [*analogian*], por semelhança [*homoiotéta*], por composição [*synthesin*] —, e com uma ajuda pequena do raciocínio (DL, 10, 32.10-2). Desse modo, nem toda noção é propriamente uma *prolépsis* (ou concepção advinda direta e mecanicamente da percepção). Pois podemos imaginar e colocar à disposição do pensamento, por exemplo, um (esquema de) centauro — que resultará de nada precisamente percebido, ainda que fruto de duas prenoções combinadas (a de ser humano e a de cavalo).

O terceiro critério de verdade, de acordo com o escólio de Diógenes Laércio, é dado por um sentimento, por assim dizer, interno: as afecções [*ta pathé*] de prazer ou dor, que acompanham uma impressão objetiva e dada na sensação. A evidência do agradável ou do penoso oferece uma base inequívoca para a busca ou a fuga de seja o que for. Por isso também prazer e dor têm um papel crítico e constitutivo na ética epicurista: eles operam como uma verdade objetiva e irredutível, uma chancela acima de qualquer dúvida à atribuição de valor ("Carta a Meneceu", §129.4-5).

Segundo Diógenes Laércio, epicuristas acrescentaram a essa lista um quarto critério de verdade: o ato de apreensão [*epibolé* (X, 31.6-7)] ou, em sentido literal, o ato de lançar-se sobre uma imagem diretamente do pensamento, análoga àquelas advindas da percepção sensível. Para Epicuro, esse processo imaginativo talvez deva ser computado como algo subsidiário ao critério da aquisição sensorial direta.

Não é difícil constatar que, neste ponto, Epicuro terá de enfrentar o paradoxo de que todo critério de verdade, em alguma medida, está enraizado na verdade da evidência sensível. Porém, a ciência que ele endossa — o atomismo — dirá respeito a uma realidade que escapa de todo à percepção dos sentidos: os microcorpos indivisíveis e o vazio. Por isso, as observações e inferências conduzidas e controladas pelos critérios justificarão a verdade de tudo o mais que não pode ter o testemunho direto da sensação. Nessa categoria está o que se furta à experiência, quer por não estar presente (e ser temporariamente imperceptível) ou por estar distante e jamais poder ser visto de perto (como os fenômenos celestes que, entretanto, são de natureza perceptível), quer ainda os átomos e o vazio, de todo impossível de serem atestados por qualquer órgão sensível. Opiniões sobre fatos que podem estar no âmbito de uma experiência direta são verificadas quando algo evidente testemunha em seu favor e falseadas quando nada evidente as atesta. E alcançam alguma clareza [*enargés*] deste modo: a percepção colhe sinais e oferece indicações em favor de determinada conclusão. Nos termos de Epicuro, tais opiniões podem obter ou não algum tipo de confirmação [*epimartyrêseis*], que chega pela experiência mesmo de modo indireto. Teorias científicas, por sua vez, podem ser verificadas se não houver alguma contestação [*antimartyrêsis*] de suas hipóteses, levantada tanto por um tipo qualquer de evidência quanto por um contraexemplo. Mas serão contestadas, assim que algo evidente puder ser apontado contra elas.[21]

No domínio de teorias, diversas hipóteses relativas a causas imperceptíveis podem ser razoavelmente formuladas; vale dizer, inúmeras explicações plausíveis seriam capazes de dar conta do que não é (nem poderia ser) captado pela percepção sensível. Isso é particularmente verdadeiro tratando-se do que ocorre no céu [*ta metôra*], pois muitas são as maneiras possíveis de dar uma razão para fenômenos celestes. Aqui, a regra ética do bem-estar funciona, para Epicuro, como critério de opção teórica: por conveniência, adota-se a explicação que resultar em menor temor ("Carta a Pítocles", §85-6). No que diz respeito à constituição do mundo físico, contudo, essa "teoria de explicações múltiplas" simplesmente desaparece e o dogmatismo leva a melhor: o atomismo não é uma hipótese dentre outras possíveis, mas tese firme e inabalável. Epicuro, em suma, opera uma distinção rígida entre coisas que admitem diversas explicações — o âmbito do verossimilhante — e aquilo de que há uma única explicação — os fenômenos dominantes ou principais ("Carta a Heródoto", §78 e 80).

Daí talvez a opinião de Lucrécio, de que nada é mais difícil do que distinguir o verdadeiro do duvidoso quando o "espírito reúne as coisas por si mesmo":

> E se a razão não pode determinar a causa pela qual aquilo que de perto é quadrado de longe se vê redondo, é ainda melhor, dado o desconhecimento da razão, dar uma explicação imperfeita de ambos os aspectos do que deixar sair das mãos aquilo que é seguro, infringir a fé que mais se deve, e abalar por inteiro os alicerces em que se apoiam a salvação e a vida. De fato, não é só a razão que ruiria; também a própria vida cairia imediatamente se se ousasse não acreditar nos sentidos e não evitar os precipícios e as outras coisas do mesmo gênero a que se tem de fugir, seguindo aquilo que lhe é contrário. (*DRN*, 4, 500-11)

A veia dogmática do epicurismo está bem ressaltada nessa peremptória declaração de Lucrécio: há duas concepções que devem ser de todo afastadas do pensamento; primeiro, a opinião de que houve criação intencional do mundo por deuses e de que deuses ainda estariam na administração de problemas especificamente humanos; depois, a crença em qualquer tipo de finalismo na natureza em geral e nos organismos vivos em particular, nestes termos:

> Há nestas coisas um erro grave \<lacuna\> a que se tem de fugir e que se tem de evitar, de temer acima de tudo: é preciso que não se julgue que a clara luminosidade dos olhos foi criada para que possamos ver ao

longe; e não é para que possamos caminhar a passos largos que a extremidade das pernas e coxas se apoia, articulando-se aos pés; também os braços que temos dotados de fortes músculos e as mãos que nos servem a um lado e a outro não nos foram dadas para que pudéssemos fazer aquilo que é de utilidade para a vida. Pensar-se seja o que for, a esse respeito, desta maneira, é usar um raciocínio pervertido, e ao revés; nada há no nosso corpo que tenha aparecido para que possamos usá-lo, mas é o ter nascido que traz consigo a utilização. (DRN, 4, 824-35)

Física

No que concerne à Física, as ideias de Epicuro alinham-se ao atomismo de Demócrito, com algumas diferenças importantes no que diz respeito à caracterização dos átomos e a outros aspectos derivados. O conjunto das proposições básicas é enunciado de maneira sucinta na "Carta a Heródoto" (§38-44). O universo é um todo ilimitado e infinito (nada é gerado ou desaparece no nada), formado por corpos e vazio — e somente estes existem por si mesmos, pois não dependem de mais nada para ser o que são. Corpos, por sua vez, ou são átomos (em movimento e infinitos em número, mas não em formato) ou são compostos de átomos (estruturas estáveis e naturezas completas, em oposição a acidentes e propriedades).[22] Para a filosofia natural de Epicuro, a categoria fundamental é corpo antes que átomo — e sua investigação física seria bem qualificada como um tipo de corporalismo.

Ora, como já mencionado, os itens básicos da natureza — átomos e vazio — são objetos não visíveis [adêla], em favor dos quais os sentidos podem testemunhar apenas indiretamente; porque, acerca do invisível, é preciso fazer inferências apoiando-se no que é manifesto. E a fundamentação da Física de Epicuro pode nos dar, de fato, uma mostra de sua teoria canônica em plena operação. Vejamos se não é o caso.

Começa-se por constatar que há corpos em movimento — um passo que dispensa argumento, pois a verdade do que se afirma é atestada pela experiência elementar (a de jogar ao alto uma pedra, por exemplo). Daí também a conclusão trivial de que corpos existem. O modo de defender a existência do vazio, por outro lado, será estabelecido em bases distintas. Epicuro recorre a um raciocínio experimental (tipo *modus tollens*: se A, então B; não B, então não A). Se o vazio não existisse, o movimento seria impossível; o movimento é algo efetivo, logo o vazio existe. Aqui se nota facilmente, no entanto, um passo aberto à contestação; os sentidos confirmam a existência do movimento, mas alegar que o vazio seja condição necessária a ele é premissa altamente discutível. A polêmica é das mais acirradas no pensamento grego; ela remonta a Parmênides de Eléa e partidários, que negam a realidade de mudanças e movimentos, ao tomar por evidente justamente a inexistência do vazio, associado tão somente ao não ser. Os atomistas Leucipo e Demócrito, por seu turno, apontaram grosso modo que nada há de problemático na noção de vazio, desde que concebida de maneira meramente privativa: vazio é onde não há corpo algum e, ainda que não seja propriamente uma *coisa determinada*, disso não se segue que o vazio careça de existência.[23]

Essa foi precisamente a direção tomada por Epicuro. Com efeito, sua alegação é de que, se o mundo fosse um pleno tomado por diversos tipos de corpos sem nenhum espaço desocupado, seria impossível que eles se deslocassem, já que não haveria lugar vago que pudessem ocupar ("Carta a Heródoto", §40). Ora, não é difícil imaginar uma contestação a esse argumento, levantada por uma teoria do tipo "deslocamentos recíprocos" — um lugar antes ocupado fica vago e permite ao corpo imediatamente contíguo que se desloque para ocupá-lo — ou ainda do modo como uma esfera em rotação se move (cada parte empurra outra adiante, abrindo espaço para avançar e sem que algum vazio seja requerido).[24]

Menos trivial é a hipótese da existência de átomos — palavra derivada do verbo *temnô* (cortar, destroçar, mutilar por um golpe), com um prefixo que indica privação, em referência a algo que não pode ser partido. Aliás, um corpo composto é também caracterizado por resistir a que coisas passem através dele. A sugestão de Epicuro ("Carta a Heródoto", §41) é a de que o processo de fragmentação da matéria não pode ir a infinito e é necessário parar em algum ponto — justamente nos átomos, elementos últimos e indivisíveis, que constituem todo corpo composto. Do contrário, haveria o aniquilamento do existente (o ser poderia se reduzir ao nada).

A primeira diferença a ser apontada entre a física de Demócrito e a de Epicuro é a recusa deste de uma cisão radical entre natureza escondida e natureza aparente.[25] O atomismo separa mesmo os dois níveis, reservando à física apenas a teoria dos microcomponentes e flertando, ao mesmo tempo, com certo ceticismo:

> Demócrito nega aquilo que parece aos sentidos e diz que nada disso parece concordar com a verdade, mas apenas concordar com a opinião: a verdade nas coisas reais é que há átomos e vazio. 'Por convenção [*nomoi*] doce', diz ele, 'por convenção amargo, por convenção quente, por convenção frio, e por convenção cor: mas na realidade, átomos e o vazio. (Demócrito, frag. 549)

O axioma do epicurismo de que toda percepção é verdadeira impõe um princípio de continuidade: os corpúsculos componentes, os fenômenos captados pela percepção e o macrocosmo, tudo isso se encontra em um único e mesmo escopo do real. Dito de outro modo: no âmbito físico, não há nenhum hiato ontológico ou epistemológico entre átomos (microrrealidade) e compostos (macroentidades apreendidas pelos sentidos), somente a diversidade de status e papéis (aqueles são os constituintes; estes, os constituídos). Epicuro aceita, em suma, a tese de que para tudo os elementos últimos são átomos e vazio; o termo *physis* aplica-se igualmente a toda estrutura estável — corpúsculos, corpos compostos, simulacros, deuses e mundos, por exemplo ("Carta a Heródoto", §§41, 40, 49 e 78) —, de forma que o conhecimento da natureza não está restrito ao nível elementar.[26]

A distância entre os dois filósofos só aumenta quando colocamos lado a lado as propriedades que cada um confere aos átomos. Epicuro reformula certos pontos cruciais do atomismo e, a despeito de seu já mencionado descaso pela formação tradicional, parece bastante familiarizado com as críticas levantadas por Aristóteles à doutrina de Demócrito. Muitas de suas teses parecem se tratar de reformulações de caso pensado para contornar problemas já apontados. Segundo Aristóteles, o atomismo não é capaz de explicar adequadamente o movimento e não apresenta nenhum motivo razoável para que átomos estejam em moção ao invés de parados; nem dá conta, tampouco, da organização dos compostos, já que a mera justaposição da matéria seria insuficiente para explicar qualquer unidade de nível superior. Enfim, os atomistas não dispunham dos recursos adequados para explicar a geração natural.[27]

Em relação ao (problema do) movimento, para Demócrito, átomos estão sempre se deslocando no vazio por inércia em todas as direções, o que explicaria a ocorrência de colisões que causam emaranhados ao ricochetearem uns contra os outros, do que resulta toda sorte de conglomerados observados no mundo. A ideia parece ser a de que uma espécie de redemoinho se forma no primitivo caos atômico: corpúsculos maiores se movem para o centro, os menores são expulsos para a periferia (assim como, no girar de uma peneira e por um movimento ondulatório, grãos tenderão ao centro, folhas ao canto; daí ainda a conclusão de que o semelhante tende ao semelhante). Mundos são descritos em termos "biológicos", por processos análogos à nutrição: crescem, chegam ao auge e decaem, tão logo percam a capacidade de assimilar material externo. E, mesmo que peso possa estar subentendido na própria noção de corpúsculo, Demócrito parece nada ter dito explicitamente sobre isso.[28]

O epicurismo, de sua parte, postulará duas causas adicionais para o movimento atômico — o peso (tendência natural de mover-se para baixo) e um célebre desvio ou declinação,[29] sem o que, diz Lucrécio, "a natureza nada teria criado" (*DRN*, 2, 224). De fato, na concepção de universo infinito, o movimento para baixo de corpúsculos indivisíveis poderia jamais cessar: cairiam, aliás, em trajetórias paralelas, como os pingos de uma chuva perfeitamente alinhada.[30] Ora, um mínimo desvio ocasional para o lado (por óbvio, aquém do limite de qualquer percepção direta) é o bastante para a ocorrência de colisões e tudo o mais que elas desencadeiam — e deve ter sido esse, ao menos, um dos propósitos da inferência dessa declinação.[31] O epicurismo deliberadamente lança mão de novos fatores para uma teoria da geração natural talvez mais convincente do que aquela oferecida pelo atomismo predecessor.

A reforma de Epicuro incide ainda em dois tópicos: no formato e na estrutura do átomo. Para Demócrito, átomos são em número, formato e (talvez em) tamanho infinitos.[32] Seriam tais como letras (em movimento) de um alfabeto ilimitado, tudo o mais resultando das infinitas possibilidades de suas combinações e em função apenas de três aspectos: dos encontros de diferentes formatos (A que difere de N, em que compõem, por exemplo, AN), de mudanças na ordem (AN diverso de NA) e, ainda, na maneira como se orienta a posição (N girando de lado vira Z).[33] Agregados atômicos (algo do tipo AN-NA-N-Z-A-N) explicariam os eventos e as estruturas físicas do mundo. Daí ser de fato possível interpretar a teoria da composição material de Demócrito nos termos de uma "combinatória integral", cujo papel equivale a um princípio de razão suficiente.[34]

Epicuro, por sua vez, parece buscar outra explicação para o dinamismo espontâneo da matéria atômica e há evidências disso no tópico em que defende a formação de infinitos mundos. Em uma passagem relevante de sua "Carta a Pítocles", (§89-90), há uma pista de que átomos, ainda que sejam os únicos componentes de tudo, estariam envolvidos também com certo papel, por assim dizer, organizativo do mundo. Arranjos emergem de uma série sem limite de tentativas (e sem nenhuma assistência divina), mas o processo mecânico culmina na realização de estruturas estáveis e viáveis (naquele meio circundante e dentre outras insustentáveis). Portanto, não basta evocar um turbilhão inicial de todo tipo de átomos — como Demócrito —; é preciso que, de algum modo, disso resultem as "sementes apropriadas" [*epitêdeiôn tinôn spermatôn* (§89.5)]. Segundo ele, um mundo pode se formar quando e se houver os átomos convenientes para isso: toda vez que, em um processo estritamente mecânico (mas de alguma maneira seletivo), formatos e tamanhos atômicos ganhem um caráter funcional na medida em que passem a cooperar para matrizes bem-sucedidas.[35] Na "Carta a Heródoto" (§ 45), há, de fato, outra alusão a um duplo papel para os átomos: eles são aquilo *de que* [*ek*] e *pelo que* [*hypo*] um mundo vem a se formar. A primeira preposição sugere que tais corpúsculos são componentes genuínos (a partir dos quais algo é formado), mas não apenas isso; a segunda pode indicar que átomos sejam princípios imediatos eficientes (agentes espontâneos sem intenção) na formação de macrocorpos. Assim, nada haveria de absurdo na suposição de que a ideia do desvio [*clínamen*] explicitada por Lucrécio possa ser precisamente a expressão tardia dessa concepção.

Seja como for, o maior interesse da Física e da Cosmologia, segundo Epicuro, é fornecer um sistema de crenças com o qual o sujeito possa ocupar de todo o pensamento. E assim, expurgado de temores infundados, poderá cuidar do único fim admitido na doutrina inteira: ser feliz.

Ética

A Ética de Epicuro revela familiaridade com as críticas ao hedonismo e com o debate na filosofia clássica, que jamais descartou o prazer como componente da felicidade, mas o via como um candidato fraco a alvo principal da vida humana.

O argumento clássico, grosso modo, tem o seguinte feitio: o agradável resulta da restauração de alguma carência ou desejo, que por isso mesmo é um processo discreto, perpetuado enquanto a falta é atendida (e o desagradável, eliminado). Ora, disso se segue que a felicidade não seria uma realização propriamente estável (no sentido da conservação de uma qualidade alcançada), e que uma vida feliz não passaria da busca incessante pela acumulação de episódios agradáveis.[36]

Epicuro, de sua parte, aceita (como a maioria dos predecessores) que honra, prudência e justiça (essenciais para a excelência humana) são elementos que, apesar de integrantes de uma vida agradável, têm mero papel instrumental ("Máximas principais", 5). Para ele, mesmo que a virtude colabore e seja necessária para uma existência feliz, a vida virtuosa não é escolhida por ter valor intrínseco, e sim em vista do prazer que traz. Ademais, a experiência confirma uma verdade de senso comum: assim como qualquer outro animal, o ser humano, por natureza, desde que nasce e sem raciocinar é satisfeito pelo prazer e rejeita a dor (DL, 10, 137). Aqui, o apelo ao ser humano antes da idade da razão — uma criança — viria em apoio à ideia de que crenças adquiridas (para o bem ou para o mal) interferem na conduta do adulto e prejudicam uma observação neutra.[37] O fato de a busca pelo prazer ser um fim natural dispensaria o epicurismo de justificar a passagem do plano descritivo ao normativo — da natureza humana tal como é ao modo como se deve conduzir a vida. Nessas condições e em relação ao problema tipicamente socrático — como viver? —, o que o epicurismo tem a prescrever?

Epicuro segue aqui também os passos de Demócrito, que, no tratado (perdido) *Sobre a boa disposição do espírito* [*Peri euthymés*], parece recomendar uma dieta de vida que combina fruição moderada do prazer, conhecimento de si e renúncia ao que nos escapa, em vista de certa estabilidade psíquica.[38] O hedonismo de Epicuro, no entanto, é em geral associado a Aristipo de Cirene — discípulo de Sócrates e líder da escola cirenaica —, para quem o prazer é o bem absoluto (mesmo que alguns levem por vezes ao sofrimento). A associação é justificada, pois, para Epicuro, o prazer é o bem último. Ele advoga ainda a triagem severa do tipo de prazer que se deve cultivar; visto que, ainda que o agradável seja em si mesmo bom (e o desagradável, mau), disso não decorre que convenha ser sempre buscado, sem ter em conta a circunstância ["Máximas principais", 8]. Entretanto, em face dos cirenaicos — para os quais a vida boa resulta do somatório de eventos agradáveis advindos do prazer físico —, Epicuro professa um hedonismo mitigado e calculado ("Carta a Meneceu", §129-30), a começar pela atribuição de papel mais relevante aos prazeres mentais na qualidade de vida. Para ele, o mais alto bem a ser alcançado é a tranquilidade de alma [*ataraxia* ou ausência de perturbação], ainda que isso dependa da ausência de dor [*aponia*] e da confiança de permanecer nesse estado.

Uma distinção feita por Epicuro é aquela entre dores e prazeres do corpo e da alma (DL, 10, 136.3-4). É claro que prazer e dor são, de certo modo, eventos simultaneamente físicos e psíquicos, com a diferença de que estes últimos não se restringem ao presente, mas incluem o passado e o futuro — por isso também estariam acima dos físicos. Aliás, há no epicurismo a recomendação de que as pessoas sejam treinadas a recordar as lembranças agradáveis (como ele próprio fez quando estava à beira da morte) e a imaginar as promessas prazerosas do porvir, pois essa é uma maneira fácil de ter sempre disponível um prazer para si (DL, 10, 22).

Um traço básico do hedonismo de Epicuro é o postulado de não haver estado intermediário entre o prazer e a dor — o que, à primeira vista, parece contraintuitivo, porque não é fácil perceber de imediato que o estado de ausência de dor seja em si mesmo prazeroso. Mas causa ainda maior espanto a tese (bem mais radical) de que a ausência de dor é o maior prazer ("Máximas principais", 3). Como entender essa posição? Primeiro, estaria em jogo algo elementar: quem experimenta qualquer afecção, de duas, uma: ou sente (1) dor ou (2) o prazer de não sentir dor, tomando prazer e dor como opostos contraditórios, irredutíveis e mutuamente exaustivos (como corpo e vazio, no domínio da física). No entanto, não é tão fácil formular um argumento para estabelecer que o estado de absoluta ausência de dor seja o prazer máximo. O raciocínio talvez possa ser extraído desta constatação: quem está bem alimentado, hidratado e aquecido alcançou o estado físico ótimo de ausência do desconforto [*aponia*]; se estiver ainda convicto de que poderá permanecer assim, atingiu também, desse ponto de vista, um estado psíquico ótimo de tranquilidade [*ataraxia*]; logo, a satisfação obtida não poderia "aumentar", já que, nos termos do hedonismo de Epicuro, o cume da felicidade é a combinação de *aponia* e *ataraxia*. As críticas a essa teoria do prazer são igualmente radicais.[39] Os cirenaicos, por exemplo, alegam que, nessas condições, a pessoa mais feliz de acordo com o epicurismo seria aquele que dorme e, no limite, quem estiver morto.

Para entender a visão peculiar de Epicuro, são necessárias novas distinções quanto à natureza dos prazeres. Primeiro, distinguir prazeres que envolvem *movimento* daqueles que resultam de *repouso* — cinéticos e estáticos ou catastemáticos, no jargão técnico (DL, 10, 136-7). A distinção não deve ser levada ao nível atômico (átomos estão sempre em movimento); prazer e dor jamais são explicados por ele com base no movimento de corpúsculos, mas sempre no plano da experiência sensível, ou melhor, das afecções que a acompanham.[40] Primeiro, diga-se que o prazer cinético é o que advém da restauração de algum estado natural (ligado a uma carência física), como o de beber água e matar a sede. Não apenas isso, porém: pode ser do corpo ou da alma. A alegria de conversar com amigos, tanto quanto a de resolver no íntimo um problema, é uma emoção de tipo cinético.

O prazer catastemático, de sua parte, atinge-se no estado de pleno funcionamento do corpo saudável ou, por exemplo, na tranquilidade de saber que nada há a temer em relação aos deuses e ao universo ("Carta a Meneceu", §128), única razão, aliás, para o estudo da física. Nota-se então que o prazer cinético leva ao catatesmático (e por isso não tem valor incremental) e é a sabedoria em ministrar a dose de prazeres cinéticos que leva à vida venturosa.

Epicuro recomenda também o exame atento da natureza dos desejos, os quais, segundo ele, são de três espécies ("Carta a Meneceu", §127). Naturais e necessários são aqueles a que não se pode renunciar, pois atendem a necessidades do organismo essenciais à sobrevivência — como o de comer para matar a fome. Naturais e não necessários, por sua vez, envolvem apenas variações naquela primeira forma de prazer — querer um vinho dispendioso, e não água para saciar a sede. Os desejos não naturais e não necessários, por fim, são de todo vazios e fruto de crenças infundadas — como o de almejar riquezas, glória e reconhecimento público ("Máximas principais", 24). Mas a classificação não é trivial: em qual categoria incluir, por exemplo, o desejo sexual? Obviamente, é um apetite natural do organismo como os outros, porém é possível passar sem saciá-lo, já que não é imprescindível para a preservação da própria vida (apenas a da espécie). Daí a inclinação para classificá-lo como natural não necessário (embora, sem reprodução sexual, a humanidade acabasse por desaparecer). Há, no entanto, alguma evidência de que a posição de Epicuro seria ainda mais austera, em razão de um temor que nada tem de infundado: o desejo sexual, no mais das vezes, descamba em paixão amorosa, fonte de perturbação psíquica e sofrimento inequívoco. De qualquer forma, para a filosofia antiga, a paixão amorosa [*erôs*], o sexo [*synousia*], o casamento [*gamos*] e a procriação são independentes; há indícios de que os epicuristas advogavam o sexo como paliativo, sem envolvimento amoroso ou casamento.[41] Seja como for, se a meta da vida é a saúde do corpo e a tranquilidade da alma, a prudência recomenda uma reeducação dos desejos para que se atenham aos fundamentais. E habituar-se às coisas simples é duplamente vantajoso em vista de maximizar a independência diante da fortuna: evita o cultivo de desejos desnecessários e possibilita desfrutar melhor a opulência que a sorte venha a oferecer ("Carta a Meneceu", §131). Em suma, o epicurismo prega sobriedade, não ascetismo.

Até este ponto, o hedonismo de Epicuro revela uma ética de teor estritamente egoísta — coloca em pauta o prazer e a prudência norteados por ganhos estritamente individuais. O que ele tem, entretanto, a dizer sobre a vida em sociedade e a preocupação com os outros? No epicurismo, a justiça é uma invenção humana, de caráter essencialmente contratual (sem valor intrínseco ou universal), com ecos reduzidos na virtude individual. Contudo, Epicuro parece entender que a justiça seja um desenvolvimento natural de qualquer agrupamento humano ("Máximas principais", 31). Em geral, ela é tratada como um pacto social — o acordo de não fazerem mal uns aos outros em benefício das partes que o firmaram —, cujo conteúdo varia quanto a normas e punições, com base no interesse de cidadãos em circunstâncias culturalmente determinadas ("Máximas principais", 33). O que é vantajoso ao coletivo, e por isso formalizado em leis, mede-se sempre por um critério objetivo — a utilidade — que abranda o aspecto daquele relativismo. A lei impõe-se não por alguma obrigação moral absoluta, e sim por força da almejada tranquilidade pessoal; o temor de ser flagrado em delito ou de não passar impune. Mas, afora o viés pragmático, Epicuro prega uma vida que evite qualquer engajamento político maior: "vive isolado".

A importância e a peculiaridade do pensamento de Epicuro são incontestáveis: ele soube inovar em várias direções aquilo que herdou dos predecessores. O empirismo que propõe, longe de permanecer em andaimes rudimentares, tem um pendor sofisticado e racionalista. O atomismo de Demócrito e Leucipo transfigurou-se em suas mãos, e certo determinismo implicado naquela teoria pôde ser deixado de lado. Ao postular para o átomo certo desvio aleatório (inconstante e imprevisível), justificado por Lucrécio como condição de possibilidade para o choque de partículas resultando em compostos físicos e como fundamento do livre-arbítrio, o epicurismo, em um único passo, confere à natureza uma liberdade original (*DRN*, 2, 216-94). É claro também que esse princípio constitutivo da ordem natural impõe ao sistema de Epicuro uma dificuldade ética significativa: que tipo de relação causal e de mediações coerentes pode haver entre a impulsão cega e indefinida de partículas mínimas componentes e o ato voluntário do sujeito, intenção consciente de dirigir a própria conduta no mundo? Nada parece claro, mesmo com base em uma psicologia de cunho fisicalista. Em suma: há continuidade em muitos dos problemas apresentados pela tradição da filosofia grega, mas é inegável que as soluções e as respostas esperadas do epicurismo terão de ser genuinamente novas e originais.

ATENAS GANHA UMA RIVAL: ALEXANDRIA

Passados os primeiros cinquenta anos do período helenista, qual era o panorama histórico ao final da vida de Epicuro?

Atenas era uma espécie de meca ocidental — o que decorria das conquistas de Alexandre e do que ocorrera com o mundo. Regiões bem a leste do Mediterrâneo haviam sido helenizadas e por toda a parte se via certa atração difusa pela cultura grega. A cidade havia sido o cenário dos diálogos de Sócrates, abrigava tanto a Academia como o Liceu, espalhava o seu prestígio de berço do Iluminismo filosófico. No entanto, o ambiente intelectual do período clássico estava bastante mudado. Correntes de pensamento bem diversas do platonismo e do aristotelismo estavam em cena — ainda que traços do passado fossem notados. Mas o que exatamente havia mudado?[42]

Atenas se via diante de uma rival: Alexandria. No delta do Nilo e maior porto marítimo do Mediterrâneo, a cidade fundada por Alexandre, em 322 a.C., patrocinada pela riqueza dos Ptolomeu, atraía judeus da Diáspora, gregos e diversas outras etnias e disputava com Atenas a relevância cultural. No século anterior, a Academia e o Liceu haviam incentivado todo tipo de investigação. Platão atraíra os matemáticos mais importantes de seus dias, Aristóteles empreendera ampla pesquisa científica, contemplando de zoologia a crítica literária. E tudo isso havia migrado para o Egito. Atenas não foi completamente ofuscada — era ainda *o* centro para a filosofia —, mas toda e qualquer outra área de criação intelectual dava frutos fora dali. Em Alexandria, por exemplo, desenvolveram-se a medicina de Galeno, a álgebra incipiente de Diofanto, a geometria de Euclides, o estudo da secção de cones de Apolônio, a hidráulica de Arquimedes, o primeiro modelo heliocêntrico com a cosmologia de Aristarco, para ficar apenas no principal. Dos novos tempos, mais um sinal espantoso: a biblioteca de Aristóteles — as centenas de rolos em papiro reunidos no Liceu —, esse acervo valioso simplesmente havia sido levado para o Egito por herdeiros do seu sucessor, Teofrasto (já morto havia cerca de quinze anos). Com isso se fora também o que era mais importante: o empenho da escola de estudar a fundo todo aquele material, inclusive os tratados filosóficos de Aristóteles, de feitio mais rigoroso e técnico. O resultado foi que, pela primeira vez na história, a filosofia reduziu-se a uma "disciplina especializada" — algo parecido, aliás, com o que ocorre hoje.

Em Atenas, nova paisagem intelectual é encontrada sob os pórticos pintados na *Stoa Poikile* — onde se reuniam os filósofos conhecidos como "estoicos" ou homens da *stoa*. O estoicismo não detinha, contudo, o monopólio absoluto: além deles, viam-se, na ágora, cirenaicos, megáricos ou dialéticos e cínicos [*kynikos*: literalmente, "que concerne ao cão"]. Estes eram seguidores de certo Diógenes de Sinope (400-325 a.C.), do período clássico, de quem se conta que morava numa tina, mantinha intercurso sexual em público e outras excentricidades do tipo. Os adeptos do cinismo têm a firme convicção de que leis e convenções (e pudores) são incompatíveis com a vida simples, natural e feliz; prescrevem o completo desprezo pelas comodidades e riquezas e adotam a vida canina como modelo. Daí a acepção moderna de "cínico": alguém que afronta abertamente as conveniências morais e sociais. Mas a filosofia dominante era o estoicismo, cujo jargão técnico e conceitual estava em voga. O fundador dessa escola estava vivo — era o sexagenário Zenon de Cítio, natural de Chipre, que havia chegado jovem a Atenas, decerto atraído pelo helenismo e ansioso por participar da atividade filosófica. Porém, naqueles tempos, o apogeu do antigo estoicismo ainda estava por vir (chegaria cerca de quarenta anos mais tarde, quando Crísipo de Sólis — chefe da escola entre 232 e 206 a.C. — desenvolveria inteiramente os aspectos teóricos da doutrina). Mas isso por enquanto é futuro: Crísipo, que se tornaria um estoico de alta patente, era, no ano de 272 a.C., ainda uma criança de oito anos. Enfim, em Atenas, a filosofia sempre havia sido, e por muito tempo continuaria a ser, uma atividade plural.

AS FONTES ARQUEOLÓGICAS
E O TRONCO LATINO DO EPICURISMO

O pesquisador moderno de Epicuro precisa saber antes de tudo que as evidências primárias do epicurismo se encontram em situação bastante anômala: as fontes ainda estão sendo levantadas. E, além de textos legados no corpus da filosofia e da literatura antigas tradicionalmente transmitidas por copistas, há dele outras evidências arqueológicas que sobreviveram diretamente da Antiguidade, embora não incólumes, de tal forma que trabalhos filológicos com papiros estão em curso. Nesse sentido, sua fonte material já mais abundante que a do estoicismo e do ceticismo poderá aumentar, não obstante proveniente de um campo particularmente danificado e heterogêneo.[43]

Primeiro, há a biblioteca de obras epicuristas nas ruínas da *villa* de um certo Lucius Calpurnius Piso Caesoninus — a bem da verdade, ninguém menos que o sogro de Júlio César —, nos arredores da cidade de Herculano,[44] que a erupção do Vesúvio a um só tempo soterrou e preservou integralmente, redescoberta na metade do século XVIII. Além de obras latinas, há nela, sobretudo, textos gregos de filosofia (inclusive algum material do estoicismo), obras de Filodemo de Gadara, que viveu no século I antes da nossa era, entre 110 e 40-35 a.C.[45] Tudo leva a crer que, na origem desse acervo, estaria a coleção do próprio Filodemo, que vivia ali, talvez sob o patrocínio romano. Além de ter sido citado por Cícero (*De finibus*, 2, 19) — o que se pode tomar como indício de relevância intelectual —, Filodemo já era conhecido como poeta de epigramas.[46]

Dos cerca de mil rolos de papiros provenientes desse sítio, uma centena mais ou menos pereceu, grosso modo, em meras tentativas de desenrolá-los; mas os métodos cada vez mais sofisticados de imagens por meios eletrônicos vêm ampliando discretamente as técnicas que permitem acessar a informação no rolo, decifrar, reconstruir e interpretar.[47]

Enfim, amplia-se ligeiramente o escopo da atual documentação primária sobre o epicurismo, à medida que os pedaços de papiros chamuscados e quebradiços oriundos dessa biblioteca forem decifrados.

Em seguida, e ainda em relação às evidências arqueológicas, há também aquelas inscrições epicuristas em grego que Diógenes de Enoanda mandou gravar nas pedras de um pórtico em sua cidade natal, nas montanhas da Lícia, onde nasce o rio Xantos (Ásia Menor e atual Turquia), cuja descoberta remonta ao ano de 1888. Trata-se do último documento de que dispomos sobre o movimento filosófico epicurista; em doze palavras, ele apresenta o *suprassumo* da doutrina inteira — o já mencionado *tetrapharmakon* ou "quadruplo remédio". Quase nada se sabe sobre esse outro Diógenes, apenas que, já doente e no fim da vida, decorou esse muro com dizeres baseados em obras epicuristas. O pórtico sofreu danos provavelmente por causa de um terremoto logo após a sua morte; as pedras se dispersaram conforme iam sendo reutilizadas; mas dele foram descobertos e lidos 233 fragmentos, e as escavações continuam.[48]

Presume-se que o muro tinha oitenta metros de comprimento por 3,5 metros de altura — e o que conhecemos até o momento corresponde a 30% disso. A ordem original exata dessas pedras também é fonte de controvérsias, mas há consenso de que consistiam em sete fileiras horizontais, umas sobre as outras, com diversas seções escritas em colunas.[49] Tal como um livro aberto, ou melhor, como um enorme papiro desenrolado em local de acesso amplo e público, o propósito didático do conjunto pode ser inferido, tanto pelo conteúdo como pela sequência das inscrições, com considerações iniciais sobre a física atomista, seguidas por textos sobre ética e cartas de Epicuro, culminando, no topo, com um tratado sobre a senectude. Em suma, com um pórtico repleto de ensinamentos voltados a todo e qualquer cidadão que passasse por lá, Diógenes de Enoanda revela-se um profundo conhecedor da doutrina epicurista e um autor, ao que parece, sem nada de original.

Por fim, e seja qual for o avanço das fontes arqueológicas gregas primárias, o estudioso do epicurismo terá ainda outra base documental importantíssima agora nas obras em latim desse mesmo período, sobretudo o monumental poema didático *De rerum natura*, composto no início do século I a.C. por Lucrécio, o célebre contemporâneo um pouco mais novo que o tal Filodemo. Essa é uma obra em seis livros, muito informativa e voltada para a filosofia da natureza de Epicuro, embora não se possa precisar quão fiel seria o poema à física professada por ele, já que o texto que lhe serviu de base — um sumário ao *Peri physeos* — não chegou até nós, tanto quanto o tratado principal.

Tito Lucrécio Caro nasceu em Roma, onde foi educado e viveu entre 96 e 55 a.C., mas pouco se sabe sobre ele. Os versos hexâmetros que compõem *De rerum natura* revelam a filosofia natural de Epicuro, na forma de um longo poema que diz respeito tanto à vida quanto à morte.[50] Seja como for, Lucrécio dedicou sua cuidadosa composição a certo Gaio Mêmio — com quem não dá mostras de ter maior intimidade, mas que é tratado como um discípulo. Não há como saber exatamente quem era o sujeito — talvez um futuro pretor da Bitínia —, porém é claro que se trata de poesia para a persuasão e voltada à formação de um jovem nobre que almeja consagrar-se aos negócios públicos, a quem Lucrécio aconselha manter-se dentro do modo de vida epicurista.

O estudioso do epicurismo, além disso, precisará se debruçar sobre um não pequeno número de autores gregos e latinos que mencionam Epicuro em suas obras — diga-se ainda que ele teve críticos notórios, os quais compõem importante *testimonia*.

Dentre os mais relevantes, o primeiro é Cícero — Marco Túlio Cícero, orador, estadista e filósofo romano —, que viveu entre 106 e 43 a.C. e que se dizia seguidor da Nova Academia de Carnéades. Professando um ceticismo brando, mas sendo de fato um eclético (não aderente às escolas que aborda), suas obras de maior interesse para o estudo do epicurismo são *De finibus bonorum et malorum* — sobre as diversas concepções do sumo bem — e *De natura deorum* — sobre diferentes visões da natureza dos deuses. Em seguida, temos Sexto Empírico, em particular algumas passagens de seu *Adversus mathematicos* — como são conhecidos certos livros do seu tratado *Contra os físicos*. Esse filósofo cético escreveu em grego as críticas ao pensamento helenista em largo escopo; viveu no século II da nossa era. Enfim, mas não menos relevante, há Plutarco, biógrafo grego e filósofo platônico que viveu entre os séculos I e II e escreveu contra Epicuro em *Adversus colotem* e em *Communis opinionibus* (em grego, *Koiné ennoiai* — "Noções comuns"), assim como no diálogo *Non posse suaviter vivi secondum Epicurum* — "A vida feliz não é possível segundo os princípios de Epicuro".

OS MANUSCRITOS E A TRADUÇÃO

O texto grego adotado nesta edição é de Tiziano Dorandi, *Diogenes Laertius — Lives of Eminent Philosophers* (Cambridge Classical Texts and Commentaries, 2013), cotejado com o de M. Conche, *Épicure — Lettres et maximes* (Presses Universitaires de France, 1987), mas, para os fragmentos de *Da natureza*, 25, foi adotado o de D. Sedley (1983), "Epicurus' refutation of determinism", *Syz t sis: Studi sull'epicureismo greco e romano offerti a Marcello Gigante*.

Em relação à tradução, sempre que possível, procurei conciliar fidelidade e clareza, evitar dificuldades menores sem ocultar problemas reais, manter a dicção do autor sem tornar o texto impenetrável, respeitando a consistência do vocabulário e dando alguma atenção à etimologia das palavras. O estilo de Epicuro é bastante peculiar: com frequência é redundante e lança mão de verbos acrescidos de prefixos — às vezes mais de um, decerto no intuito de distinguir e matizar ao máximo suas considerações —; o vocabulário empregado, particularmente na "Carta a Pítocles", é de uma meticulosidade exasperante, seguindo talvez à risca o jargão das obras perdidas. Tentei não apagar esses traços nesta versão para o português. Um só exemplo, talvez, ilustre minha preocupação. Decidi traduzir o termo grego *tropos* por "reversão" na sua acepção de "solstício" — opção de grande parte dos tradutores — e por "versão" na locução coloquial de "modo de dizer". A solução preserva, no meu modo de ver, uma rede de sentidos que, no mais das vezes, desaparece para o conforto do leitor. De minha parte, espero que isso não sacrifique em demasia a fluência na leitura e traga em troca algum ganho intelectual.

Este trabalho é dedicado à memória de minha mãe, Cecilia Leonel Gomes dos Reis (1935-89), fonoaudióloga (PUC-SP) e ativista de primeira hora na reabilitação de crianças surdas e excepcionais. Ela foi para mim um exemplo de vida com uma firme orientação: fugir do determinismo, combinando a eventual (des)fortuna com liberdade de escolha e verdadeira ação, em vista da felicidade possível. Minha mãe teria compreendido como ninguém esta aguda intuição do epicurismo: primeiro e ao acaso o destino distribui os quinhões e, somente depois, o ser humano descobre uma forma qualquer de lhes dar utilidade — e se for capaz. Nada do que eu tenha feito ou venha a fazer pagará a imensa dívida de amor que tenho com a pessoa extraordinária que ela foi. Uma longa caminhada logrou por fim me convencer de que emoções contribuem para o sentido que damos ao conhecimento e algumas pessoas queridas tiveram papel crucial nisso. Pelo prazer de uma amizade sempre viva, agradeço em memória Vange Leonel, Mariana Vanzolini, Magaly Marconato Callia, Oswaldo Luiz Ramos; e pela alegria do tempo à frente, Marcos Pompeia, Pablo Rubén Mariconda, Anastasia Guidi Itokazi, Paula Lapolla e Graça Cabral. Agradeço especialmente meu amigo Eduardo Giannetti pela leitura atenciosa de uma primeira versão do ensaio e pela generosa indicação de Nietzsche e Juliano cujas passagens constam nesta apresentação. Sem o apoio da UFABC, que me concedeu um quadrimestre dedicado exclusivamente à pesquisa, e sem a oportunidade de apresentar as traduções preliminares aos alunos da graduação matriculados no curso de Epicuro ministrado por mim em 2017-8, este trabalho por certo não estaria concluído — e desejaria expressar a eles minha gratidão. Agradeço ainda alguns colegas pela gentileza de recomendar ensaios importantes e de facilitar o acesso a textos em momentos cruciais, especialmente Cristiane Negreiros Abbud Ayoub, Luca Jean Pitteloud e Fernando Rey Puente.

Ao Nando — o mais valioso presente da minha vida —, agradeço o privilégio de nossa convivência amorosa e intelectual. A Lucia, Clara, Alexandre e especialmente Cora e Irene, pela graça e alegria que trazem aos meus dias.

Notas

1. A interpretação da teoria dos meteoros segue Arend Theodoor van Leeuwen, *Critique of Heaven*.
2. A informação sobre o imperador Juliano é fornecida por Julia Annas e Jonathan Barnes, *The Modes of Scepticism*, p. 18.
3. A primeira citação, bem como aquelas do parágrafo em que é explicitamente citado, é de Karl Marx, em *Diferença entre a filosofia da natureza de Demócrito e Epicuro*, pp. 29, 42, 79, 82 e 85.
4. Pamela Huby é quem atribui a Epicuro a descoberta do problema da livre vontade em "The First Discovery of the Freewill Problem".
5. David Sedley menciona a associação entre o desvio e o Princípio de Incerteza de Werner Heisenberg em seu artigo seminal, *Syz t sis: Studi sull'epicureismo greco e romano offerti a Marcello Gigante*, pp. 12-3.
6. A conclusão de Pierre-Marie Morel está em "Epicurean Atomism" (capítulo 4) de *The Cambridge Companion to Epicureanism*.
7. As obras de Epicuro têm um caráter abertamente polêmico, dando a entender que ele estava a par dos debates em voga. Conferir Diskin Clay, "The Athenian Garden", particularmente a seção "Epicurean Polemic: Making Friends by Having Enemies" em James Warren (org.), *The Cambridge Companion to Epicureanism*, pp.17-8.
8. Ver Cyrill Bailey, *The Greeks Atomists and Epicurus*, Oxford, p. 217.
9. Diógenes Laércio é ambíguo, pois afirma um pouco antes [x, 4] que Epicuro "prostituiu" um de seus irmãos.
10. Três outras cartas menores de Epicuro foram encontradas em inscrições de um pórtico na cidade de Enoanda (Anatólia), que outro Diógenes, talvez já no século II da nossa era, fizera gravar: (1) a que ele ainda jovem teria escrito para sua mãe logo que saiu de Samos, sua cidade natal; (2) outra endereçada a Hemarco de Metilene, um colega que lhe era muito caro, a ponto de ter sido o

primeiro sucessor na direção da escola (mesmo na condição de meteco) e um de seus principais "amigos filósofos" e convivas no Jardim (*symphilosophoi*, tratamento dado por Epicuro aos líderes ou *kathegemones*: aqueles que mostram aos demais o caminho) e, por fim, (3) uma carta dedicada aos amigos de Lâmpsaco.

11   Ver Diskin Clay, op. cit., p.16, nota 18.

12   Em ordem cronológica, e para citar apenas as escolas com edificações efetivas, as quatro aludidas foram a Academia de Platão — aliás, a escola de Epicuro era sua vizinha e ambas ficavam fora dos muros da cidade —, o Liceu de Aristóteles, a leste; por fim, a Stoa — o Pórtico, junto à ágora e onde se reuniam os estoicos, ambas intramuros.

13   Ver a introdução de D. S. Hutchinson em *The Epicurus Reader: Select Writings and Testimonia*, p. vii.

14   Ver Diskin Clay, op.cit., pp.15-6.

15   A filosofia clássica, grosso modo, toma a *psykhé* humana como algo de natureza complexa — compreende tanto o princípio de vitalidade (desejos, apetites) como o ânimo (emoções e reações conjugadas) e a inteligência ou capacidade de pensar — e que, paradoxalmente, é o princípio de unidade do ser vivo. O intelecto, a bem dizer, nada mais seria do que o conjunto de pensamentos que metemos efetivamente na cabeça e empregamos para entender como as coisas existentes são na realidade. A filosofia é a forma de buscar e zelar por esse equilíbrio: a harmonia do psiquismo. Ao longo da Antiguidade e em geral, algumas vezes mais e em outras menos, a filosofia sempre esteve comprometida com o ideal de cura: o homem doente em última instância é aquele desprovido de sabedoria. Ver Platão, *Górgias*, 477e-478b-c; *Sofista*, 228d-e; *Timeu*, 86b. E Aristóteles, *Ética a Nicômaco*, iii, 7, 1114a13.

16   A ideia de uma filosofia de caráter terapêutico é explorada por Pierre Hadot — com a noção de *exercício espiritual* —, por Michel Foucault — com a de *cuidado de si* — e por Martha Nussbaum — com a de *argumento terapêutico*. Pierre Hadot afirma que, na Antiguidade, a

filosofia não é ensino de uma teoria abstrata, muito menos exegese de textos, mas arte de viver. "O ato filosófico não se situa somente na ordem do conhecimento, mas na ordem do 'eu' e do ser: é um progresso que nos faz ser mais, que nos torna melhores. É uma conversão que subverte toda a vida, que muda o ser daquele que a realiza." Ver Pierre Hadot, *Exercícios espirituais e filosofia antiga*, pp. 19-66. E, ainda, Michel Foucault, *A hermenêutica do sujeito*, e Martha Nussbaum, *The Therapy of Desire*.

17   Em tradução literal [Philodemus, Herculaneum Papyrus 1005, 4.9-14]:
[*O theios men aphobon*] O divino, não temível,
[*O de thanatos anypoptóton*] e a morte, não sujeita
[à percepção;
[*Kai t'agathon euktéton*] o bem, fácil de alcançar,
[*To de deinon euekkarteréton*] e o funesto, fácil de
[suportar.

18   Os escólios serão integralmente apresentados nas notas que acompanham esta tradução.

19   Consultar Alain Gigandet, "O conhecimento: princípios e métodos" (capítulo IV) em A. Gigandet e P.-M. Morel (orgs.), *Ler Epicuro e os epicuristas*.

20   Ver A. A. Long e D. N. Sedley, *The Hellenistic Philosophers*, p. 83, "Epistemology: 16 — The Truth of all Impressions".

21   Essas distinções não aparecem nas "Cartas" citadas por Diógenes Laércio; podem ser inferidas dos procedimentos que Epicuro efetivamente emprega em seus argumentos; e são confirmadas pelo testemunho de fontes antigas, por exemplo, Sexto Empírico, *Adversus mathematicos*, 211-6.

22   O movimento, por exemplo, existe, mas não *por si mesmo*, na medida em que requer um *corpo* (que se mova); o tempo, por sua vez, sendo uma medida do movimento, também não tem existência, por assim dizer, de primeira ordem ["Carta a Heródoto", §68-73].

23   Aristóteles apresenta uma síntese da polêmica, por exemplo, em *De generatione et corruptione*, I, 8, 325a1-32.

24 A polêmica pode ser apreciada em Tim O'Keefe, *Epicureanism* (capítulo 2): Lucrécio oferece outro argumento por redução ao absurdo — se não houvesse vazio, todos os objetos teriam o mesmo peso, já que, sendo igualmente cheios de corpos, teriam também a mesma quantidade de matéria (uma bola de lã, segundo esse raciocínio, pesaria menos que uma bola de madeira justamente por ter nela mais vazios do que a madeira). Ele se vale ainda do modelo de deslocamento recíproco para provar a existência do vazio, pois, mesmo neste caso, para ter início a mudança de lugar, seria necessário que houvesse anteriormente algum espaço desocupado.

25 Sobre este ponto, ver Pierre-Marie Morel, *Épicure: La Nature et la raison*, capítulo 2, em particular a seção "Une nouvelle image de la nature", pp. 64-70.

26 Daí o empirismo de Epicuro realizar um movimento ao mesmo tempo retrógrado e progressivo: "só avança para os princípios elementares na medida em que se volta para as realidades perceptíveis que eles subentendem. E se o epicurismo, a seu modo, salva os fenômenos, ele o faz então em um sentido duplo: ao identificar o que constitui seu fundamento oculto e ao conservá-los como fenômenos". Ver P.-M. Morel, op. cit., p. 67.

27 Aristóteles critica, no atomismo, a falta de explicação para o início do movimento em *De caelo*, 3, 2, 300b8-16, assim como os problemas envolvidos na geração de compostos a partir dos elementos tais como concebidos por Leucipo e Demócrito, em *De caelo*, 3, 4, 303a2-31.

28 A melhor edição dos fragmentos dos atomistas, a meu ver, é a de C. C. W. Taylor, *The Atomists: Leucippus and Democritus*; para tópicos em pauta, consultar as seções "Science and Mathematics" e "Weight", respectivamente, pp. 195-7 e 179-84. Uma apresentação sintética dos problemas encontra-se em G. S. Kirk, J. E. Raven e M. Schofield, *Os filósofos pré-socráticos*, "O comportamento dos átomos", pp. 445-52.

29 É preciso frisar que não há sinal, nos escritos de Epicuro que chegaram até nós, da noção de *clinamen* apresentada por Lucrécio. Embora a questão seja complexa, há

testemunhos, de Cícero em particular, que expressam a certeza de ter sido ele o primeiro formulador da teoria. Ver Cícero, *De natura deodorum*, I, 25, 69 e I, 26, 73; *De finibus...*, I, 6, 19 e I, 8, 28; *De fato*, 10, 22-3.

30 Segundo Epicuro, não havendo nenhum impedimento, os corpúsculos despencariam todos com a mesma velocidade (e os maiores não se deslocariam mais rápido que os menores); e se, no que diz respeito aos corpos compostos, os sentidos nos mostram o contrário, isso decorre apenas do fato de que os maiores estão mais aptos a empurrar de lado o impedimento que lhes é imposto pelo ar ou pela água ["Carta a Heródoto", §61].

31 O argumento, em suma, pode ser apresentado nestes termos: se os átomos não desviassem em suas trajetórias, não haveria colisão, tampouco corpos macroscópicos; ora, há corpos macroscópicos e colisões — e isso é evidente pelos sentidos —; logo, os átomos se desviam. O argumento, contudo, não requer que seja postulada uma primeira colisão dando início temporal a esse processo (não há evidência textual para uma suposição desse tipo); ao contrário: a cosmologia epicurista requer que se suponha que a série de colisões recua no tempo infinitamente.

32 A ressalva advém da aparente contradição entre tamanhos grandes e a ideia de que átomos são corpúsculos imperceptíveis.

33 Aristóteles, *Metafísica* A, 4 985b5-20.

34 Vale dizer, tudo o que acontece tem uma razão suficiente para ser assim e não de outro modo. Sobre esse ponto, ver P-.M. Morel; "Se consideramos que o alfabeto atômico de Demócrito é infinito, medimos a fecundidade dos princípios físicos e a excepcional economia desse sistema explicativo. Por um lado, há uma infinidade de diferenças atômicas e de combinações entre esses diferentes tipos de diferenças. Por outro lado, um número bem pequeno de regras é suficiente para dar conta de um número infinito de combinações. Assim entendida, a teoria democritiana dos átomos é de certo modo uma 'combinatória integral'". Op. cit., p. 42. Do mesmo au-

tor, ver, ainda, "Epicurean Atomism" em *The Cambridge Companion to Epicureanism*, p. 71.

35 A interpretação é proposta por Pierre-Marie Morel em diversos trabalhos de sua autoria. Consultar "Epicurean Atomism" em *The Cambridge Companion to Epicurianism* e também "Corps et cosmologie dans la physique d'Épicure. 'Lettre à Hérodote'§45".

36 O tópico do hedonismo poderá ser apreciado nas seguintes passagens de Platão: *Protágoras* 351b-358d; *Górgias* 492d-507e; *República* IX. 581a-587e; e, especialmente, no diálogo *Filebo*. Também em Aristóteles, *Ética a Nicômaco*, VII, 11-4, e *Retórica*, I, 10-1.

37 É o que se convencionou chamar de "argumento do berço" na bibliografia secundária, pois recorre à observação do comportamento de seres pré-racionais — bebês — quando as ações podem ser observadas em suas motivações naturais.

38 Esse aspecto da ética de Demócrito pode ser apreciado em dois fragmentos [593 e 594], traduzidos e comentados em G. S. Kirk, J. E. Raven e M. Schofield, op. cit., pp. 454-7.

39 O ponto é altamente controverso. É aceitável que a supressão da dor seja agradável, mas dizer que o estado seguinte de não dor seria igualmente agradável não parece convincente. E mais: imagine alguém (em t1) alimentado, hidratado e aquecido, que (em t2) se serve de uma taça de vinho. Como não admitir que agora sente mais prazer do que sentia antes? De novo, há ecos em Epicuro do diálogo *Filebo* de Platão [42c-d], em que Sócrates associa a dor à dissolução de um estado natural do organismo saudável e o prazer, à restauração em direção ao estado natural de saúde. Em suma, atingido o estado pleno do funcionamento saudável, não é possível aumentar a satisfação que esse estado traz. É nessa direção que vai Lucrécio [*DRN*, 2, 963-6, e 4, 858].

40 Lucrécio deu margem a esse tipo de especulação, porque, de fato, explica o prazer e o desprazer do paladar por características táteis dos corpúsculos que compõem o sumo extraído do alimento [*DRN*, 4, 615-30]. A dis-

41 tinção e a valorização do maior prazer que se experimentam no repouso também remontam a Aristóteles, *Ética a Nicômaco*, VII, 14, 1154b25-28.

41 Um escólio da *Ética* de Aristóteles, contudo, é claro ao classificar o desejo sexual fixado em um indivíduo específico como não natural e não necessário. Ver J. Warren, "A Ética", em A. Gigandet e P.-M. Morel, op.cit., p. 169. Sobre a relação entre sexo, amor, e casamento na (assim chamada) filosofia pagã, ver o capítulo 18 em R. Sorabji, *Emotion and Peace of Mind*, pp. 273-87.

42 Sobre esse tópico, ver a introdução de A. A. Long e D. N. Sedle em *The Helenistic Philosophers*, v. 1, pp. 1-6.

43 É como James Warren apresenta o quadro em sua introdução ao *The Cambridge Companion to Epicureanism*, pp. 1-8. Sobre as fontes de pesquisa para o epicurismo, um panorama é apresentado por Tiziano Dorandi em "O *Corpus* epicurista", A. Gigandet e P.-M. Morel, op. cit. (capítulo 2). Para um trabalho de mais fôlego, consultar D. Sider, *The Library of the Villa dei Papiri at Herculaneum*.

44 O trabalho filológico resultante da documentação proveniente desse sítio pode ser apreciado especialmente na publicação italiana *Cronache Ercolanesi* — o periódico do Centro Internazionale per lo Studio dei Papiri Ercolanesi — Cispe —, bem como na coleção "La Scuola di Epicuro" (ed. Bibliopolis, Nápoles). Por esse caminho, encontram-se ainda a edição de Marcello Gigante do *Catalogo dei Papiri Ercolanesi* e a documentação oriunda do pórtico na Anatólia, fruto do trabalho de Martin Ferguson Smith, *Diogenes of Oinoanda: The Epicurean Inscription* e *Supplement to Diogenes of Oinoanda*.

45 De lá foram recuperados e decifrados fragmentos do longo e importante tratado de Epicuro, o *Peri physeos* [*Da natureza*, passagens breves dos livros 2, 11, 14, 15, 25, 28 e 34], bem como fragmentos de obras de alguns sucessores diretos — como Hemarco, Polistrato, Colotés, Polieno, Carneísco, Filonides — e de outros epicuristas posteriores, como Demétrio de Lacônia e Zenão de Sídon, contemporâneos de Filodemo.

46 Sabe-se que era natural de Gadara — uma das notórias dez aldeias em volta do mar da Galileia (a atual Umm Qais, no extremo noroeste da Jordânia) —, que esteve em Alexandria (no círculo do acadêmico Antíoco) e que em Atenas fez parte do Jardim (sob a liderança de Zenão de Sídon); que passou algum tempo em Himera na Sicília, quando já ensinava e tinha discípulos, antes de estabelecer-se por fim em Herculano — formando ali um círculo ou quem sabe até uma pequena comunidade epicurista por meio da qual chegou mesmo a exercer influência sobre jovens com aspirações literárias (disso havendo indícios que nos levariam a Horácio e a Virgílio). Consultar David Sedley, "Epicureanism in the Roman Republic" em *The Cambridge Companion to Epicureanism* (capítulo 2) para informações mais detalhadas sobre a obra de Filodemo; e nota 8, ao pé da página, para algumas referências sobre a bibliografia secundária sobre ele.

47 The Friends of Herculaneum Society tem um website útil (www.herculaneum.ox.ac.uk). O mesmo no caso do Centro Internazionale per lo Studio dei Papiri Ercolanesi (www.cispegigante.it/).

48 A datação desse muro em ruínas é controversa, e há até quem defenda ser da época de Marco Aurélio (161-180 a.D.). Nesse caso, Diógenes seria um contemporâneo de Luciano (autor de diálogos satíricos que viveu entre 115 e 200 a.D.) e do mais famoso médico da Antiguidade — Galeno (129-199 a.D.) —, confirmando assim, e mais uma vez, que o epicurismo já estava então disseminado pelo Oriente grego, da cidade de Pérgamo (a mais de 20 quilômetros do mar Egeu, na Mísia, a noroeste da Anatólia,) até Amástris (atual Amasra, para além do Ponto Euxino, no litoral sul do mar Negro ao norte da Turquia). Com a entrada "The Epicurean Inscription of Diogenes de Oinoanda", encontra-se disponível na internet algum material filmado sobre o sítio arqueológico, inclusive depoimentos dos principais arqueólogos que ali trabalham. Ver Diskin Clay, "O epicurismo: escola e tradição", em A. Gigandet e P.-M. Morel (orgs.), op. cit., pp. 30-1.

49 Dois diagramas que sugerem duas ordens diferentes para esse material podem ser encontrados em Michael Erler, "Epicureanism in the Roman Empire", em *The Cambridge Companion on Epicurism* (capítulo 3).

50 No gênero da poesia didática, impulsionada pelo prestígio que lhe haviam conferido os alexandrinos, iniciado por hino a Vênus (a inspiradora força da vida) e com um estilo deliberadamente arcaico (empregando assonâncias e aliterações em versos no mais das vezes terminados em polissilábicas), de métrica sutil para o pleno comando da linguagem, o poema tal como nos chegou ainda assim não seria uma perfeita "obra-prima" para alguns críticos (que alegam ter o poeta morrido antes de terminá-lo). Contudo, do ponto de vista por assim dizer filosófico, claramente *De rerum natura* tem uma estrutura bem planejada. Nas três duplas de livros — a primeira, sobre o que está no nível micro da realidade; a segunda, no nível dos seres humanos e da superfície do mundo; a terceira, no do macrocosmo —, os itens componentes sempre são antes apresentados e seguidos de uma exposição sobre certos fenômenos a eles correlacionados. Assim: (1) os elementos indestrutíveis do universo: átomos e vazio; (2) o modo como átomos explicam os fenômenos; (3) a natureza e a mortalidade da alma; (4) fenômenos da alma; (5) o cosmo e sua ordem passageira e (6) os fenômenos cósmicos. Ver D. Sedley, op. cit., p. 42.

Ação e responsabilidade

TIM O'KEEFE

1. INTRODUÇÃO

Uma das preocupações centrais de Epicuro é explicar como a capacidade humana de agir funciona em um mundo cujos constituintes em última instância são meros fragmentos indivisíveis de matéria extensa (átomos) deslocando-se pelo espaço (o vazio). Uma maneira comum de colocar essa preocupação é afirmar que Epicuro pretende defender o livre-arbítrio contra a ameaça do determinismo. Afinal, o poeta epicurista Lucrécio sustenta que a *libera voluntas* — muitas vezes traduzida por "livre-arbítrio" — é incompatível com o determinismo causal, e Epicuro (com mérito ou demérito) postula o movimento indeterminável dos átomos, o "desvio", para defender nossa liberdade daquela ameaça.[1]

No entanto, formular a questão nesse sentido corre o risco de simplificar demais e distorcer de modo anacrônico a posição de Epicuro. Primeiro, porque Epicuro defende ao menos três tipos diferentes de liberdade:

(a) *Ação efetiva*, nossa aptidão para agir como queremos em vista de obter o que desejamos.
(b) *Autoformação do caráter*, nossa aptidão para mudar de desejo ao preferir o que conduz à felicidade.

(c) *Responsabilidade moral*, nossa aptidão para receber elogio ou repreensão com justificativa naquilo que fazemos.

Em segundo lugar, Epicuro se depara com uma variedade de ameaças a nossa liberdade, e nenhuma delas se enquadra facilmente à ameaça que o determinismo causal, tal como costuma ser pensado nas discussões modernas, representa ao livre-arbítrio — a aparente incompatibilidade do determinismo causal com a aptidão para fazer de modo diverso do que se faz, e que se supõe necessário para livre-arbítrio.[2]

A seguir, esboçarei brevemente como Epicuro pensa estarem sob ataque os tipos de liberdade arrolados acima, e a resposta dada. Um alerta imparcial: este ensaio não expõe uma interpretação consensual da posição de Epicuro sobre a liberdade e o papel que o desvio dos átomos teria nisso. Não há tal interpretação consensual. Os textos nesse tópico são sugestivos e filosoficamente ricos o bastante para estimular uma enorme gama de visões, mas vagos e obscuros o bastante para que não se tenha chegado a um consenso.[3]

2. DETERMINISMO, AÇÃO EFETIVA E BIVALÊNCIA

Lucrécio sobre a livre volição e o desvio

Os átomos naturalmente caem em linha reta para baixo, e também se movem em razão de colisões e entrelaçamentos com outros átomos. No entanto, existe uma terceira causa para a movimentação atômica, um desvio aleatório para o lado de uma mínima espacial, que nos salva da fatalidade do destino. Embora amplamente ridicularizado na Antiguidade, nos dias de hoje muitos aclamam o desvio como parte da primeira teoria libertária do livre-

-arbítrio.⁴ Por isso, a discussão de Lucrécio sobre o desvio em *De rerum natura* (*DRN* 2, 251-93) atraiu grande atenção, visto ser a reflexão mais extensa de que dispomos sobre o desvio e liberdade.⁵

Lucrécio infere a existência de desvios atômicos imperceptíveis com base no que podemos ver, a saber, que animais agem livremente. Seu argumento é o seguinte:

(1) Se átomos não desviassem, não haveria a "livre volição" (*libera voluntas*).
(2) Há a livre volição.
(3) Portanto, os átomos desviam.

Lucrécio, em boa parte de sua argumentação (versos 261-83), assinala a evidente verdade da segunda premissa e, ao fazer isso, mostra o tipo de "livre volição" que o determinismo ameaça. A livre volição é o que permite às criaturas terrenas, tanto humanas como não humanas, fazer o que querem fazer e avançar para onde quer que um prazer as leve. Lucrécio estabelece que a livre volição existe ao mostrar que o corpo segue os desejos da mente. Ele dá dois exemplos. Ambos pretendem mostrar que animais têm uma capacidade interna de iniciar ou se opor ao movimento, e que essa capacidade distingue a movimentação animal da maneira como os objetos inanimados são empurrados de um lado para o outro por golpes externos. A movimentação voluntária tem uma "fonte interna" em um sentido bastante literal: é produzida pela mente do animal (*animus*), um órgão localizado em seu peito.

O primeiro exemplo envolve cavalos de corrida ansiosos para disparar pelo portão de largada (*DRN* 2, 263-71). Lucrécio assevera que observamos um ligeiro atraso entre o estímulo externo da abertura dos portões e o movimento resultante de arrancada dos cavalos. Esse atraso supõe-se demonstrar que o movimento iniciado pela mente existe, pois leva certo tempo para que a decisão mental se converta na movimentação de toda a massa corporal do cavalo de maneira coordenada. O movimento causado por golpes externos, por outro lado, não requer tempo para processamento interno: um cavalo atingido por trás por outro cavalo é imediatamente empurrado para a frente.

O segundo exemplo (*DRN* 2, 272-83) apela para nossa própria experiência em situações como a de estar no meio de uma multidão em polvorosa: nem sempre somos inevitavelmente jogados de um lado para o outro por essas forças externas, mas podemos lutar contra elas para ir aonde queremos. Imagine que estejamos sendo involuntariamente levados rio abaixo por uma correnteza veloz, pedras íngremes surgindo torrente adiante. Ao contrário de um objeto inanimado, como um tronco de árvore, não precisamos nos deixar levar, mas podemos lutar contra a corrente e nadar em direção à margem para evitar o perigo.

O tipo de liberdade que está em jogo aqui pode ser nomeado de "ação efetiva". Vale ressaltar duas diferenças entre isso e o "livre-arbítrio" (como a expressão costuma ser mais usada). A primeira é que todos os animais que podem fazer o que querem possuem a capacidade de ação efetiva, inclusive muitos que não têm as capacidades racionais requeridas para ser justificadamente elogiados ou repreendidos; muitos animais que possuem capacidade de ação efetiva não têm "livre-arbítrio".[6] A segunda é que a "ação efetiva" *não* envolve necessariamente a aptidão para fazer de modo diverso do que se faz. Os cavalos mencionados por Lucrécio não estão tentando decidir *se saem ou não* em disparada com a abertura dos portões, assim como a preocupação do homem apanhado pela correnteza não diz respeito a *nadar ou não nadar* até a margem. Em vez disso, tal como Lucrécio a retrata, volição é aquilo que lhes permite mover mundo afora a fim de obter o que desejam.[7] Essa aptidão para fazer como se quer não equivale ao tipo de poder em "duas vias" — seja fazer, seja não fazer algo —, que alguns supõem ser necessário para o livre-arbítrio.[8]

Se não tivéssemos esse tipo de volição, seríamos absolutamente impotentes. É provável que Epicuro tivesse tal impotência em mente quando asseverou ser melhor acreditar na intervenção de deuses olímpicos do que ser escravo do destino dos filósofos naturais, já que se pode ao menos aplacar os deuses olímpicos, enquanto a necessidade dos filósofos naturais seria inescapável ("Carta a Meneceu", 133-4).

Caso isso esteja correto (há controvérsias), então uma visão popular e influente sobre o papel do desvio na preservação de nossa liberdade está equivocada. Basicamente, de acordo com essa visão: (a) o determinismo nos impossibilita de ter o tipo de aptidão para fazer de outro modo que é necessário para ter livre-arbítrio, (b) toda e qualquer decisão livre é constituída por desvios atômicos em nossa mente, e (c) ter as decisões constituídas por desvios nesse sentido preserva nossa aptidão para fazer de modo diverso do que se faz, pois cada ação que praticamos poderíamos ter feito de outro modo caso os desvios atômicos não tivessem ocorrido como se deram.[9] Contudo, (i) esse tipo de livre-arbítrio com "dois lados" como precondição para a responsabilidade moral não é algo que os epicuristas querem defender em primeiro lugar quando falam em desvio e volições, (ii) Lucrécio não trata de desvios atômicos em sua explicação sobre como uma volição surge e move o corpo,[10] e, ainda (iii) caso Epicuro se ocupasse de um livre-arbítrio com "dois lados", um desvio atômico aleatório na mente da pessoa é uma base nada promissora para a produção de ações livres e responsáveis, em vez de espasmos aleatórios e irrepreensíveis.[11]

Epicuro sobre o Princípio de Bivalência e o desvio

Lucrécio descreve para nós o tipo de volição que epicuristas querem proteger contra o determinismo. No entanto, pouco faz para explicar de que modo o determinismo causal ameaça sua existência, ou como a introdução de um aleatório desvio atômico supera essa ameaça.[12] Para isso, precisamos recorrer ao *De fato*, de Cícero, que descreve um debate entre epicuristas, estoicos e céticos acadêmicos sobre questões como destino e liberdade.

Um de seus tópicos centrais é o "argumento ocioso", membro de uma família de argumentos, incluindo o argumento concernente à batalha naval de amanhã em *De interpretatione* IX de Aristóteles, que tenta mostrar que aceitar a aplicabilidade universal do Princípio da Bivalência (PB) — a tese de que toda proposição é verdadeira ou falsa, inclusive as proposições sobre o que irá ocorrer no futuro — teria consequências inaceitáveis para a ação humana.[13] O tipo de determinismo em questão aqui pode ser chamado de determinismo "lógico".[14] Eis um esboço de como esse tipo de argumento funciona.

Você está doente e tenta decidir se chama ou não um médico. No entanto, caso aceite o PB, ou é verdade (e sempre foi verdade) que você irá se curar da doença, ou é verdade (e sempre foi verdade) que não irá se curar (*De fato*, 29). Mas, se uma dessas alternativas é a verdadeira desde sempre, essa alternativa então é também necessária, porque o passado é imutável.[15] E, porque não faz sentido deliberar sobre o que é necessário,[16] então está fora de propósito eu me preocupar em chamar ou não o médico, como se minhas ações presentes pudessem mudar o desfecho da situação de uma forma ou de outra (*De fato*, 28-9).

No contexto desse argumento, "necessário" refere-se simplesmente ao que é inevitável, ou além do nosso poder de influir: verdades matemáticas, movimentos celestes e o passado — os exemplos dados por Aristóteles de coisas sobre as quais não nos preocupamos em deliberar — tudo isso não pode ser mudado por nossos esforços, e assim tudo isso é necessário. Essa imutabilidade é também a razão que o estoico Crísipo oferece (opondo-se a Cleantes) para explicar por que o passado é necessário (*De fato*, 14).

Compare esse argumento com um argumento típico para a incompatibilidade do livre-arbítrio com o determinismo: neste argumento, o tipo de determinismo é "lógico", não causal. O determinismo lógico é aparentemente incompatível com a contingência do futuro (*não* com a aptidão para fazer de modo diverso), em que essa contingência é necessária para a efetividade da deliberação e ação (*não* para a responsabilidade moral). Assinaladas essas importantes diferenças, seria justo nomear Epicuro de "libertário do argumento ocioso". Ele assevera que é óbvio nos engajarmos em deliberação e ação efetiva, que o futuro, portanto, é contingente, e, de acordo com isso, ele rejeita o determinismo "lógico" (i.e., rejeita o PB).[17]

Considerações causais não estão presentes no argumento ocioso conforme descrito por mim. No entanto, para escapar da "necessidade do destino" que esse argumento estabeleceria, Epicuro postulou o desvio. Imediatamente após expor o argumento de que o Princípio da Bivalência tornaria tudo necessário no futuro (e nesse sentido fadado), Cícero diz: "Epicuro considera que a necessidade do destino é evitada pelo desvio de um átomo" (*De fato*, 22).[18]

Ambos, Epicuro e os estoicos, pensam que o determinismo lógico e o causal são interligados; chamemos isso de "Tese da Interligação". Ambos, os estoicos e Epicuro, dizem que as coisas que são verdadeiras devem ter causas de seu ser futuro (*De fato*, 26; ver também *De fato*, 19). O ponto é que, como o futuro ainda não é — tem não prevalência —, não há nada ainda ali em virtude do que uma afirmação sobre o futuro possa ser verdadeira, a menos que no presente prevaleçam condições para ocasionar o estado de coisas descrito pela afirmação.[19] (Da mesma forma, para uma afirmação sobre o futuro ser falsa no presente, é preciso que no presente prevaleçam condições para impossibilitar o estado de coisas descrito pela afirmação.) Portanto, se você for um "libertário de argumento ocioso" como Epicuro e aceitar a Tese da Interligação, você precisa de algum tipo de mecanismo físico — como o desvio — para subscrever a rejeição do PB.[20]

A réplica de Crísipo ao "argumento ocioso" mostra que toda essa linha de pensamento está equivocada, já que nem o determinismo lógico nem tampouco o causal são incompatíveis com a ação efetiva. Só porque você está fadado a curar-se de uma doença não torna sem propósito você chamar um médico a fim de curar-se daquela doença. Crísipo diz que certos eventos são "cofadados": por exemplo, está fadado (e causalmente determinado) *tanto* que eu me curarei da doença *como* que chamarei o médico; é através de minha fadada ação de chamar o médico que minha fadada cura ocorrerá (*De fato*, 30). Desde que seja causalmente eficaz para alcançar seu objetivo, minha ação de chamar o médico não é sem propósito, e ações causalmente determinadas podem ser causalmente eficazes. Mesmo se estiver causalmente determinado que você irá se curar, contra factuais do tipo "se não chamar o médico, você morrerá" ainda podem ser verdadeiras.

3. ATOMISMO E AUTOFORMAÇÃO DO CARÁTER

Razão e desejo

Introduzir o desvio, então, ajuda a preservar nossa ação ao assegurar a contingência do futuro e a nos salvar assim do "destino dos filósofos naturais". Mas essa não é a única ameaça à nossa liberdade que Epicuro precisa computar. O maior fruto da autossuficiência é a liberdade (*Sentenças vaticanas*, 77), liberdade do fato de ser dependente dos caprichos do acaso para satisfazer nossos desejos. Tal dependência nos tornaria vulneráveis e daí temerosos ("Carta a Meneceu", 130-1). No centro do programa ético epicurista está limitar os desejos do indivíduo a fim de alcançar a autossuficiência.[21]

A psicologia epicurista é hedonista. O prazer e a dor motivam todas as nossas ações e estão na raiz de cada uma delas (*De finibus*, 1, 42; 1, 23).[23] Casos de malfeitos são explicados dizendo que o malfeitor tem crenças incorretas sobre o que lhe trará prazer. Esse hedonismo *psicológico* é o principal argumento para seu hedonismo *ético*. O bem é o fim para o qual todas as outras coisas são meios, e nunca um meio para um fim (*De finibus*, 1, 9). Para descobrir qual é esse fim, devemos observar o que as criaturas em última instância *realmente* buscam como o fim para todas as suas ações, e isso é alcançar prazer e evitar a dor (*De finibus*, 1, 30).[24] Dado que você deseja prazer, e você acredita que fazer X lhe trará prazer de forma mais efetiva do que qualquer outro curso de ação, você fará X.

Esse hedonismo psicológico não ameaça, contudo, nossa liberdade, porque nossas crenças estão sob nosso controle. Vivemos em uma sociedade doente que nos ensina a ter necessidade de riqueza e de status social de modo a podermos nos envolver em rodadas de bebida, desfrutar dos favores sexuais de meninos e mulheres, e consumir peixes e outras iguarias de uma mesa extravagante ("Carta a Meneceu", 132). Se nossas ações forem controladas por tais desejos, essa escravidão nos levaria à penúria. Mas, segundo Epicuro, podemos modificar tais desejos, pelo uso de nossa razão. Podemos descobrir os limites do prazer e distinguir entre os desejos naturais e necessários — os desejos meramente naturais — e os desejos vãos e vazios ("Máximas principais", 18-22, 29-30). A cada desejo que temos, podemos nos perguntar: "o que acontecerá se eu conseguir o que desejo, e o que acontecerá se não conseguir?" (*Sentenças vaticanas*, 71). Usando nossa razão, podemos superar o ódio, a inveja e o desprezo (DL, 10, 117). A razão nos permite fazer isso ao nos mostrar que certos desejos, temperamentos e modos de vida não são efetivos para nos ajudar a obter o que em última instância desejamos em vista de si mesmo: o prazer.

Essa receptividade à razão nos distingue dos outros animais. Humanos podem controlar seu próprio desenvolvimento, ao contrário de animais não humanos. Lucrécio oferece o mais claro enunciado epicurista dessa doutrina. Por exemplo: leões são naturalmente irascíveis porque suas almas contêm muitos átomos de fogo; cervos são ariscos porque têm mais átomos de vento (*DRN*, 3, 288-ss.). Pessoas também têm temperamentos naturais: algumas são naturalmente inclinadas à raiva, enquanto outras são excessivamente temerosas (*DRN*, 3, 3, 307-19). Essas diferenças não podem ser inteiramente apagadas, mas os traços desses temperamentos naturais que permanecem além do poder de banimento da razão são tão triviais que nada fazem para nos impedir de levar uma vida digna de deuses (*DRN*, 3, 320-2).[25] Outros autores epicuristas também afirmam que são nossas aptidões de raciocínio que nos separam dos animais. Somos capazes de calcular os resultados de diferentes cursos possíveis de ações, enquanto os animais dispõem apenas de uma "memória irracional". Os animais carecem dos conceitos de prudência como "saudável" e "conveniente", de conceitos éticos como "bom" ou "inferior", e de signos. Não podem se precaver antes de sofrer algo e não podem refletir sobre suas vidas como um todo e torná-las consistentes.[26]

Atomismo e a mente

Epicuro quer preservar a eficácia de nossa razão. Uma parte desse projeto é dar conta da emergência e eficácia causal de coisas tais como a razão humana em uma visão atomista do mundo. Os esforços de Epicuro aqui são impelidos pelos problemas que ele considera terem sido enfrentados por seu predecessor atomista, Demócrito. Epicuro acredita no seguinte:[27]

(A) Os constituintes básicos do mundo são átomos e vazio. Eles são eternos e imutáveis em suas propriedades intrínsecas. O conjunto de propriedades atômicas — por exemplo, tamanho, formato e resistência a golpes — é bastante limitado.

(B) Átomos agrupam-se para formar agregados, que são mutáveis e temporários. Esses corpos compostos, que incluem todos os corpos macroscópicos que vemos e nossas mentes, são reais.

(C) Esses agregados têm propriedades e poderes que os átomos individuais não têm, e, para dar conta dessas propriedades e poderes, muitas vezes precisamos olhar para as características estruturais dos agregados, que surgem por causa das relações espaciais mantidas entre os átomos que constituem o agregado, do modo como se entrelaçaram uns com os outros e assim por diante. Essas propriedades e poderes são reais, e incluem propriedades relacionais tais como ser escravizado ou estar saudável.

Epicuro e Demócrito estão comprometidos com (A). No entanto, Epicuro considera Demócrito excessivamente restritivo naquilo que admite em sua ontologia, e daí encontra dificuldades em sua epistemologia e sua filosofia da mente. Deixe-me primeiro descrever brevemente a discordância epistemológica deles, pois isso ajudará a tornar claras suas diferenças em filosofia da mente.

Demócrito é célebre por afirmar que qualidades sensíveis como doçura, amargor e calor existem apenas "por convenção", enquanto na realidade há átomos e o vazio (DK, 68, B9).[28] Porque o mel tem gosto doce para uns e amargo para outros, Demócrito infere que o mel em si mesmo nem é uma coisa nem outra. Os epicuristas consideram que esse eliminativismo em relação às qualidades sensíveis acaba por levar Demócrito a negar que o conhecimento seja possível.[29] Para evitar esse ceticismo, que tornaria impossível levar a vida, Epicuro defende com veemência a realidade das qualidades sensíveis. É verdade, por exemplo, que há uma mistura de naturezas no vinho tal que certa quantidade dele pode afetar alguém de um modo, outra pessoa de outro modo, e que universalmente o vinho nem é refrescante, tampouco é universalmente ardente. Mas disso não segue que o vinho seja "não mais refrescante que ardente",[30] ou que estejamos equivocados ao dizer que o vinho em si mesmo é refrescante ou ardente, contanto que sejam colocadas por nós qualificações apropriadas: *para quem* o vinho é refrescante, e *em quais circunstâncias*. De fato, esse tipo de relatividade é exatamente o que esperaríamos se entendemos o significado de termos como "ser ardente" ou "ser nutritivo", e pensar de outra maneira é ingenuidade.[31] Assim, afirmar convictamente (C) permite aos epicuristas evitar o ceticismo. Embora as qualidades sensíveis existam somente no nível macroscópico, dependem das características estruturais dos corpos para a sua existência, e ainda que (em certo sentido) sejam relativas ao observador, elas são não obstante reais.[32]

Agora, tratemos da mente. Os epicuristas consideram (talvez equivocadamente) que o eliminativismo de Demócrito estende-se muito além das qualidades sensíveis. O *Adversus colotem* de Plutarco oferece o mais completo enunciado dessa acusação epicurista contra Demócrito.[33] Em sua versão do famoso dito de Demócrito "Por convenção, <isto, aquilo e aquilo outro>, na realidade átomos e vazio" (DK, 68, B9), o epicurista Colotes inclui *compostos* entre as coisas que eram para Demócrito meramente "por convenção" e diz que ninguém que acredita nisso pode conceber a si mesmo como um ser humano ou ser vivo — presumivelmente porque os humanos são corpos compostos (*Adversus colotem*, 1110E). Plutarco concorda com essa interpretação radical da ontologia de Demócrito e explica a proposição eliminativista como se segue: átomos deslocando-se pelo vazio colidem e se entrelaçam uns com os outros, e os agregados atômicos resultantes podem *aparecer* sendo água, ou fogo ou um ser humano, mas na realidade nada além de átomos e vazio existe. Plutarco observa que um resultado disso é que as cores e a mente (*psykhê*) não existem.[34] Assim Epicuro também precisa encontrar um modo de defender a realidade da mente e das propriedades mentais contra a ameaça do eliminativismo democritiano.

Mas o mesmo tipo de réplica está disponível aos epicuristas no caso dos corpos compostos em geral como está no caso das qualidades sensíveis: uma vez entendido o significado de predicados como "ser ardente", seria ingênuo pensar que são irreais propriedades como ser ardente só porque são relativas. Do mesmo modo, no caso de corpos macroscópicos, o próprio Epicuro normalmente se refere a eles como sendo meramente agregados de átomos, mas se recusa a tirar a conclusão de que eles, como agregados atômicos, de algum modo sejam irreais.[35] Epicuro admite que algumas coisas (átomos e vazio) são indestrutíveis e imutáveis, enquanto outras (agregados e suas propriedades) são geradas e mutáveis, mas Colotes insiste que Epicuro é mais sábio que Platão ao aplicar o nome "seres" (*onta*) igualmente a tudo que é similar (*Adversus colotem*, 1116C-D).

Para colocar isso em termos definitivamente anacrônicos, vamos imaginar um grupo de átomos arranjados à maneira de uma mesa: Demócrito (na interpretação epicurista) dirá "pensamos que haveria um objeto genuíno ali, uma mesa, mas isso é um equívoco; na realidade só há uma porção de átomos arranjados à maneira de uma mesa, nada mais".[36] Os epicuristas, por outro lado, dirão que um objeto macroscópico como uma mesa pode ser *identificado* a uma porção de átomos arranjados à maneira de uma mesa e, como tal, é perfeitamente real. O mesmo vale para a mente.

Sustentar as teses (B) e (C) compromete Epicuro com uma visão "emergente" da mente só em sentido fraco. Alguém pode sustentar que a mente é real e tem poderes e propriedades que nenhum de seus átomos constituintes tem, e ao mesmo tempo identificar a mente com um órgão corporal que nada mais é do que um agregado atômico e eventos mentais com eventos corporais que são explicados "de baixo para cima" em termos de movimentos dos átomos que compõem a mente. De fato, penso que *essa* é a visão epicurista, como apontam fortemente os textos mais completos e bem preservados de Epicuro sobre o tópico, na direção de uma Teoria da Identidade da mente.[37] Contudo, essa interpretação é controversa: é claro que Epicuro quer preservar a realidade do mental (e de nossa razão, em particular) contra a ameaça do materialismo eliminativista de Demócrito, mas é menos amplamente aceito que ele se oponha a essa ameaça reafirmando a realidade da mente nos moldes de uma teoria reducionista. As controvérsias se concentram largamente em como entender as partes preservadas do *Da natureza*, livro 25, a *magnum opus* de Epicuro. As passagens de que dispomos contêm o argumento de autorrefutação contra quem sustenta que tudo ocorre "por necessidade" (o que discuto mais adiante), e uma descrição do desenvolvimento psicológico humana, inclusive a relação entre estados psicológicos e os átomos que constituem a mente.

Entrar em maiores detalhes sobre essas questões extrapolaria o escopo deste ensaio.[38] O texto está em péssimo estado (foi soterrado na erupção do Vesúvio em 79 d.C.) e é dificultado ainda por uma terminologia técnica não explicada. É difícil haver exagero quanto à sua obscuridade. Nele, Epicuro afirma que "produtos" (*apogegennêmena*) psicológicos surgem, e que são esses produtos — não a natureza dos átomos — os responsáveis por uma pessoa desenvolver-se do modo particular como se desenvolve. Esses produtos se distinguem dos átomos de modo "diferencial" (*dialêptikon*) e adquirem a "causa advinda de si mesmo" que chega, então, às "primeiras naturezas" (*prôtôn physeôn*).[39]

Meu melhor palpite sobre como dar algum sentido para isso, de modo que seja consistente com os outros textos que temos, é que no pensamento podemos *distinguir* os produtos psicológicos dos átomos da mente (podemos "diferenciar" um do outro; veja a discussão de Epicuro em "Carta a Heródoto", 69, sobre como fazer isso com os atributos permanentes de um corpo), embora o produto seja só um aspecto do agregado atômico. Contudo, uma vez que fizemos assim, vemos que o modo apropriado de explicar por que as pessoas ganham os caráteres que têm — e.g., por que alguém é irascível — é referindo-se às operações desses desenvolvimentos psicológicos complicados, não às naturezas dos átomos que constituem a mente. Por exemplo, uma explicação de por que certo adulto cresceu tornando-se alguém de "cabeça quente" será uma história complicada referente às suas crenças, ambiente, ideais etc., e não só à preponderância de átomos de fogo em sua mente. Nossa aptidão para moldar o próprio caráter chega às nossas "primeiras naturezas", i.e., até as disposições congênitas que Lucrécio discute como receptivas à razão. Outros leram Epicuro como se afirmasse aqui a *independência* causal de estados psicológicos emergentes em face dos átomos que constituem a mente, estados que exercem então uma "causação de cima para baixo" e movem os átomos da alma (as "primeiras naturezas"), ou pensam que Epicuro reconhece aqui a incompatibilidade entre uma causação atômica necessária e explicações em termos de objetivos e razões, embora insistindo que estas sejam reais.[40]

4. RAZÃO E RESPONSABILIDADE

Por fim, Epicuro preocupa-se em defender a pertinência de nossas práticas de elogio, repreensão e castigo, em que sustentamos sermos responsáveis uns para com os outros por nossas ações. Essa preocupação está mais perto de nossas preocupações contemporâneas quanto ao livre-arbítrio e ao determinismo. Diógenes de Enoanda (um epicurista do século II a.D.) diz que toda censura e admoestação deveria ser abolida se o destino tivesse controlado aquilo que fizemos, mas que Epicuro descobriu o desvio e se opôs a essa ameaça. E, do mesmo modo, quando argumenta que certas coisas "dependem de nós", Epicuro diz que o elogio e a repreensão são mais apropriadamente associados a essas coisas, contrastando-as àquelas devidas ao acaso ou à necessidade, e em *Da natureza*, 25, ele diz que nossas práticas de criticar uns aos outros pressupõem que a causa das ações esteja "em nós mesmos".[41]

Essas passagens são sugestivas, mas deixam em aberto o que é "depender de nós" no que concerne às nossas ações, ou a estarem "em nós mesmos" suas causas. Para nos ajudar a entender o que Epicuro quer dizer, precisamos examinar seu argumento segundo o qual é uma autorrefutação negar que somos responsáveis por nossas ações.

Uma breve versão desse argumento está preservada em *Sentenças vaticanas*, 40: "O homem que diz que todos os eventos se dão por necessidade não tem base para criticar o homem que diz que nem todos os eventos se dão por necessidade. Pois de acordo com essa própria declaração é um evento que se dá por necessidade" (traduzido de Long e Sedley). Assim como está colocado, isso parece simplesmente inadequado. Se eu nego que as pessoas são responsáveis por suas ações, então eu não posso afirmar de modo consistente que quem diz serem elas responsáveis é merecedor de repreensão por dizer isso. Mas, apesar de tudo, minha posição ainda pode ser verdadeira e a do meu oponente, falsa, e posso criticar a posição dele como falsa e seus argumentos como inadequados.

Da natureza, 25, apresenta o argumento em maiores detalhes. E esse segue a discussão de Epicuro sobre como podemos usar a razão para desenvolver nosso próprio caráter. Evidência adicional dessa capacidade, diz Epicuro, é que repreendemos, fazemos oposição e corrigimos uns aos outros como se a responsabilidade também coubesse "a nós", não só às nossas disposições congênitas e ao nosso ambiente. Argumentar contra essa tese e manter que tudo o que fazemos ocorre por necessidade refuta a si mesmo, porque a pessoa que se engaja no debate assume que é responsável por raciocinar corretamente e seu oponente é responsável por falar coisas sem sentido. (Uma tradução alternativa é que repreendemos, fazemos oposição e corrigimos uns aos outros como se a *causa* para o que fazemos coubesse a nós mesmos, e quem debate sobre esses temas assume a si mesmo como a *causa* de seu raciocinar corretamente e seu oponente ele mesmo como a *causa* de seu falar coisas sem sentido.)

Mas isso suscita um óbvio contra-argumento. Talvez eu deva pressupor certas coisas quando me engajo num debate, e.g., que eu tenho *razões* para minha posição, que meu interlocutor é razoável a ponto de poder entender meus argumentos e que, ao apresentar-lhe essas razões, ele possa mudar de ideia. A proposição "a razão humana é inefetiva" não é autocontraditória, mas *argumentar* em favor dela parece ser um refutar-se a si mesmo. Não obstante, ainda que isso seja admitido, a conclusão de Epicuro não se segue: só porque nossas ações se dão por necessidade não implica que práticas de elogio, repreensão e debate sejam inefetivas. Podemos simplesmente ser o tipo de criatura que age necessariamente de tal modo que as considerações racionais podem ter um papel em determinar o que fazemos.

Epicuro responde que esse contra-argumento não vai ao ponto — os sentidos relevantes aqui para o que "depende de nós" e para "necessidade" envolvem a distinção entre ações que estão sob nosso controle racional e aquelas que não estão. De acordo com Epicuro, nossas prenoções de necessidade e da nossa própria responsabilidade surgem do observar a nós mesmos em ação.[42] Vemos que às vezes podemos fazer coisas que não queremos fazer (e.g., submeter-se agora a um tratamento de canal para evitar uma dor maior mais tarde), e que podemos dissuadir outros de fazer algo que estão considerando fazer porque estão sendo ameaçados (e.g., convencer alguém a não trair um amigo, a despeito da probabilidade de tortura). É a partir dessas observações que nós chegamos aos padrões pelos quais delineamos que ações se dão por necessidade e quais dependem de nós. Mostramos ter consciência da distinção em nossas interações: tentamos dissuadir outros de ações que "dependem de nós", o que seria sem sentido para aquelas que se dão por necessidade.

De acordo com Epicuro, dizer que algo para nós é necessário, mas que temos ainda controle racional sobre isso é usar mal o termo — é "chamar de vazia a causação necessária". Para mostrar que nossas ações se dão todas por necessidade, é preciso "provar que temos uma prenoção de um tipo que tem traços falhos", ou seja, provar que a base empírica de nosso conceito de alguma maneira representa mal o modo como as coisas são. Já que nossas observações de nós mesmos e dos outros ao deliberar e argumentar entre si estão na base dos conceitos em questão, um exemplo disso seria provar que as razões que supúnhamos ter guiado nosso comportamento eram na realidade só racionalizações *post factum*, e que ambos — nossas "razões" bem como nosso comportamento — tinham uma causa sub-racional comum.[43] A menos que alguém esteja de má-fé ao manter esse tipo de tese, diz Epicuro, ou "deixe claro que fato ele está rejeitando ou introduzindo" ao dizer que nossas ações ocorrem por necessidade, "está ocorrendo meramente uma troca de palavras".[44]

O ponto central da teoria de Epicuro, então, é que somos agentes responsáveis porque somos racionais.[45] Quaisquer preocupações sobre bivalência, determinismo ou a ontologia da mente são subsidiárias à preservação de nossa aptidão, como agentes racionais, de agir efetivamente, de melhorar nosso caráter ao pensar sobre o que realmente precisamos, de melhorar o caráter dos outros por meio da prática do elogio e repreensão e de alcançar tranquilidade.

Notas

1   Não temos referências ao desvio dos átomos nos escritos de Epicuro que chegaram até nós, mas, levando em consideração as fontes que dão o crédito a ele e o conservadorismo doutrinal dos epicuristas, é quase certo que o conceito teve origem nele.

2   Ver Van Inwagen (1983, cap. 3) para uma versão influente desse argumento, e Kapitan (2002) para um panorama dos debates mais recentes.

3   Para uma discussão detalhada sobre os textos controversos e as diversas interpretações que geraram, ver O'Keefe (2005); parte deste texto é adaptada desse livro.

4   Por exemplo, ver Huby (1967); Long e Sedley (1987, v. 1, p. 107); Asmis (1990, p. 275).

5   Lucrécio (*DRN*, 2, .216-24) também é a principal fonte para o outro papel da declinação, como uma origem de colisões atômicas. Ver Morel (Warren [Org.], 2009, cap. 4) e O'Keefe (2005, cap. 5).

6   Nós *odiamos* animais selvagens de hábitos destrutivos como leões, mas não temos como efetivamente *culpá-los* pelo que fazem. Ver Epicuro *On Nature* 25 edição de Arrighetti 34, 25, 21-34 (Long e Sedley J; apenas no v. 2). Para a edição mais recente desse texto, que tem

partes preservadas em *Herculaneum papyri*, 697, 1056, 1191, ver Laursen (1997, p. 31)

7   Bobzien (2000, p. 311) apresenta esse argumento.
8   Ver Bobzien (2000, pp. 287-93) para um maior aprofundamento sobre essa distinção.
9   Os comentários de Bailey (1928, pp. 838-42; 1947, pp. 318-23, 433-7), Puriton (1999) e Fowler (2002) sobre *DRN*, 2, 251-93 seguem (mais ou menos) no sentido dessa visão. Ver O'Keefe (2005, cap. 2) para uma discussão com maiores nuances.
10 Lucrécio trata da base atômica da *voluntas* e da ação no livro 4 de *DRN*. De acordo com sua descrição, a declinação não tem papel direto na tomada de ação. A teoria da ação em *DRN*, 4 parece "mecanicista", no sentido de que, dados o estímulo externo e o estado da alma, a ação ocorre de forma automática. Ver Furley (1967, pp. 210-16) e O'Keefe (2005, pp. 37-32).
11 Ver Furley (1967, p. 163) e O'Keefe (2005, pp. 44-6).
12 Ver O'Keefe (2005, pp. 30-2, 35-7) para uma discussão sobre o fato de que certas passagens de Lucrécio às vezes usadas para mostrar o papel executado pela declinação dos átomos, na verdade, não o fazem.
13 Para mais informações sobre as fontes e as estruturas desses argumentos, ver Bobzien (1998, pp. 76-81, 180-93).
14 Essa terminologia é usada por Long e Sedley (1987, v. 1, p. 466).
15 Ver *De fato*, 14. Diodoro e Crísipo (e presumivelmente Epicuro) consideram o passado necessário, porque é impossível de ser alterado. Ver também *De fato*, 19-20, 21, 28-9, e *DRN*, 2, 225: coisas que são verdadeiras "por toda a eternidade" ou "por toda a infinitude" estão além de nosso poder de influência.
16 *De interpretatione*, 9, 18b31-6.
17 Na maioria das interpretações de *De interpretatione*, 9 (se não todas), essa também é a posição de Aristóteles. Para uma breve discussão e sugestões de leituras adicionais, ver O'Keefe (2005, p. 135-7).
18 Ver também *De fato*, 18, 48.
19 A Tese da Interligação é questionável, e é corretamente

questionada por Carnéades, o líder da Academia cética. Ver *De fato*, 26-33 e O'Keefe (2005, pp. 140-49, 153-9).

20 Ver O'Keefe (2005, cap. 6) para mais detalhes e argumentos. Warren (2006) também discute as condições de verdade para afirmações a respeito do passado e do futuro, e o status ontológico do passado e do futuro para os epicuristas.

21 Ver Woolf (Warren [Org.], 2009, cap. 9).

22 Ver também Cícero *De finibus*, 1, 30, e 2, 60-ss. e Epicuro, "Carta a Meneceu", 128.

23 *Máximas principais*, 7, 10; *Sentença vaticana*, 16; Cícero, *De finibus*, 1, 32-3, 55.

24 Ver O'Keefe (2001, pp. 273-6) para mais sobre o hedonismo psicológico epicurista, e Cooper (1999) para um argumento mais extensamente elaborado de que Epicuro é apenas um hedonista ético, e não psicológico. Cf. Woolf (2004) para críticas ao argumento de Cooper.

25 Ver Gill (Warren [Org.], 2009, cap. 7) e Tsouna (Warren [Org.], 2009, cap. 14).

26 Esses autores são discutidos em Annas (1993: pp. 66-9).

27 Ver também Morel (Warren [Org.], 2009, cap. 4).

28 DK é a numeração de H. Diels e W. Kranz para os fragmentos dos pensadores pré-socráticos, que corresponde ao 549 na edição de Kirk, Raven e Schofield, p. 434. (N.da T.)

29 Plutarco, *Adversus colotem*, 1108F. Se Demócrito considera o conhecimento apenas difícil ou impossível de se obter, é matéria de contestação. Ver Hankinson (1995, pp. 47-50; 1998, pp. 201-5) para uma introdução aos textos e suas questões, Curd (2001) para um argumento de que Demócrito não é um cético e Lee (2005, cap. 8-9).

30 Plutarco, *Adversus colotem*, 1109F-1110D.

31 Ver Polistrato, *De cont. irr.* (*Herculaneum papyri*, 336/1150), 33, 26-26, 23, em Indelli (1978).

32 Ver O'Keefe (1997) para mais discussões a respeito.

33 Mas ver também Diógenes de Enoanda, 7, 11, 2-14, em Smith (2003).

34 Considero essa uma leitura tendenciosa de Demócrito, e tão inconsistente com muitas outras coisas que ele diz que não poderia lhe ser atribuída com justiça. Ver O'Keefe (1997, pp. 122-3) e Taylor (1999, p. 152). No entanto, não

se trata da leitura de um lunático de Demócrito, e alguns, como Wardy (1998), a defendem. Pasnau (2007) é agnóstico, mas considera que essa leitura "radical" tem muitos pontos atrativos, e conduz uma discussão bem formulada sobre o que exatamente essa proposição significa.

35 Ver Morel (Warren [Org.], 2009, cap. 4) e O'Keefe (2005, pp. 68-9).

36 Ver Van Inwagen (1990) para um argumento mais extenso de que não existem objetos materiais compostos (não biológicos).

37 Ver Gill (Warren [Org.], 2009, cap. 7) e O'Keefe (2005, pp. 78-81).

38 Os leitores que quiserem mais detalhes podem consultar O'Keefe (2005, cap. 4). Atherton (2007) faz uma crítica detalhada de minha leitura e da interpretação desse texto como um todo.

39 Ver Laursen (1995; 1997) para a edição mais recente de *De natura*, 25, preservado em partes em *Herculaneum papyri*, 697, 1056, 1191. A passagem discutida aqui é de Laursen (1997, pp. 19-23); uma versão anterior está em Arrighetti, 34-21-2 (Long e Sedley, 20B). Ver Gill (Warren [Org.], 2009, cap. 7) para mais discussões sobre esse texto.

40 Sedley (1983; 1988) afirma que os estados psicológicos são "radicalmente emergentes" e exercem "causação descendente". Para a incompatibilidade entre a necessidade causal e as explicações em termos de objetivos e razões, ver Asmis (1990) e Wendlandt e Baltzly (2004). Na visão de Asmis (que não se baseia em *De natura*, 25), Epicuro está tentando acomodar em termos gerais o movimento orientado para objetivos, com a declinação diretamente envolvida em todas as ações animais. De acordo com Wendlandt e Baltzly, Epicuro está (por razões em grande parte davidsonianas) negando a causação necessária através da declinação para abrir espaço para explicações normativas baseadas em razões.

41 Diógenes de Enoanda, 54, em Smith (2003); Epicuro, "Carta a Meneceu", 133; Epicuro, *De natura*, 25, em Arrighetti 34, 26-30 (Long e Sedley, 20C); Laursen (1997, pp. 32-41) traz o texto mais recente.

42 Para mais sobre *prolêpsis*, ou "prenoção", ver Asmis (2009, cap. 5; 1984, pp. 19-80) e Atherton (Warren [Org.], 2009, cap. 11).

43 Ver Wegner (2002) para um argumento desse tipo, e Nahmias (2002) para um bom resumo e críticas competentes.

44 Ver O'Keefe (2005, pp. 81-92) para uma discussão mais detalhada; a linha anterior de argumentação ainda é de *De natura*, 25 (ver nota 37 para referências).

45 Annas (1993) faz esse resumo simples e certeiro.

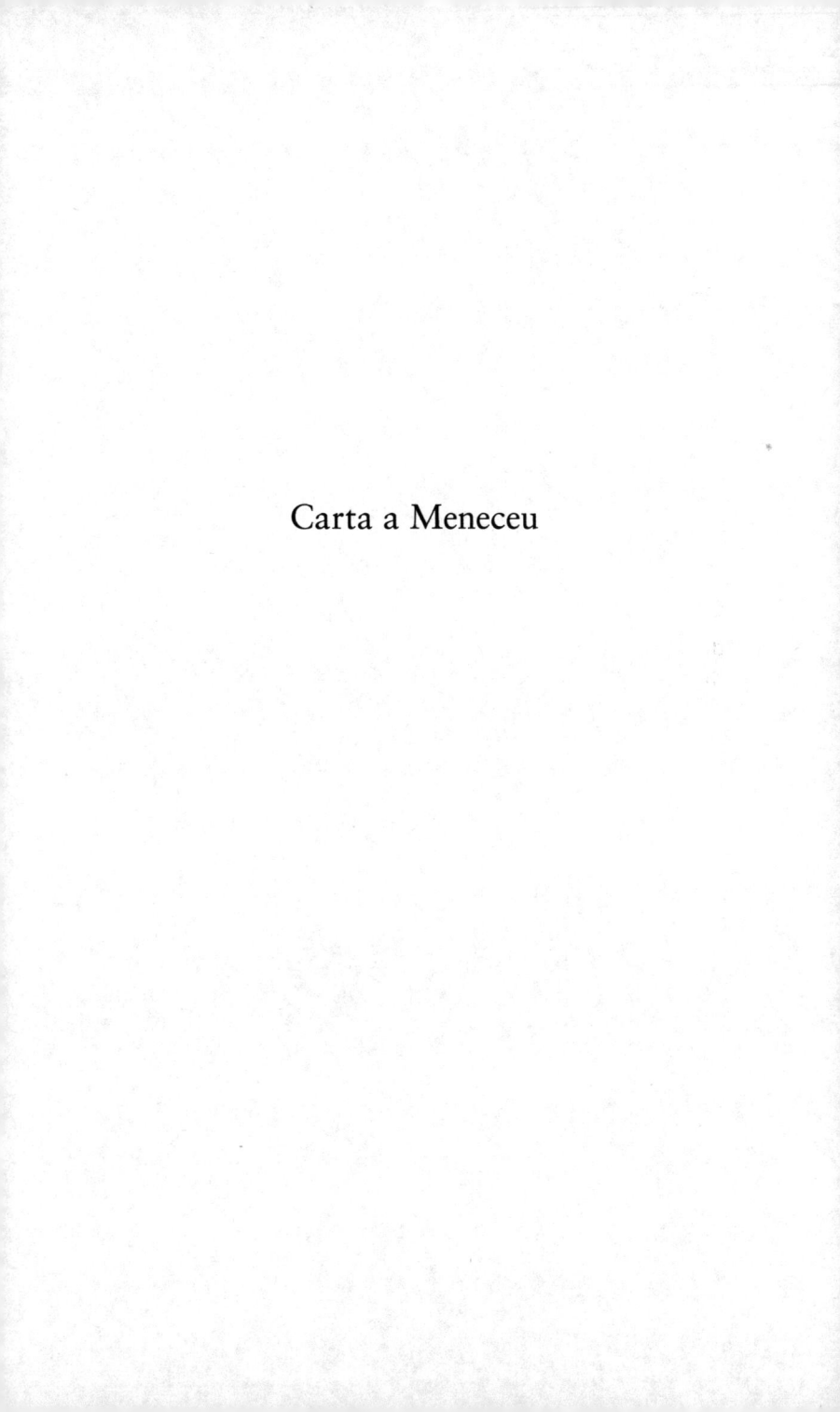

Carta a Meneceu

122 Epicuro saúda Meneceu.
   Que ninguém demore a filosofar por ser jovem, tampouco se encontrando velho de filosofar se canse. Pois não há quem esteja pouco ou muito maduro para a saúde da alma. E dizer ou que a hora de filosofar ainda não chegou, ou que já passou da hora é igual a dizer não estar ou não ser mais a hora para a felicidade. E por isso devem filosofar tanto o jovem como o velho, este de modo a envelhecer jovem em bens pela graça do que passou, aquele, por sua vez, de modo a ser jovem e ao mesmo tempo um ancião quanto ao destemor diante do que está por vir. Portanto, é preciso cuidar daquilo que produz a felicidade, se na presença dela tudo temos, e, quando se ausenta, tudo fazemos para obtê-la.

123 Pratica e medita sobre tudo aquilo que a ti sempre preconizei, tomando-o por elementos do bem viver. Primeiro, considerando deus como um vivente incorruptível e bem-aventurado segundo a noção comum de deus como traçada em nós, nada atribuas de estranho à sua incorruptibilidade nem de impróprio à sua bem-aventurança; mas, no que concerne ao divino, forma em ti toda opinião que pode preservar-lhe a bem-aventurança com a incorruptibilidade. Pois deuses são, e evidente é o conhecimento que se tem deles; tal como a maioria os considera, eles não são, pois não os preserva tal como considera.

124 Ímpio é não quem rejeita os deuses da maioria, mas aquele que atribui a eles as opiniões da maioria. Porque as asserções da maioria impostas aos deuses não são prenoções, mas falsas suposições, de que os maiores prejuízos aos maus e os maiores benefícios aos bons advêm por causa dos deuses. Pois em total afinidade com as virtudes se acolhem os iguais, considerando estranho tudo o que não o for.

Habitua-te a considerar que a morte nada é para nós, já que todo bem e mal consiste em uma sensação: ora, a morte é privação de sensação. Donde um correto conhecimento de que a morte nada é para nós faz da vida mortal algo apreciável, não por adicionar tempo infinito, 125 e sim por suprimir o anseio de imortalidade. Pois nada há de terrível na vida para quem compreendeu que nada existe de terrível no não viver. De modo que tolo é quem diz temer a morte não porque afligirá estando presente, mas porque aflige por antecipação. Pois o que não molesta presente, na espera aflige em vão. Portanto, o mais aterrador de todos os males — a morte — nada é para nós se, justamente quando existimos nós, a morte não está presente e, quando a morte se apresenta, nós então é que não existimos. E nada é, portanto, nem para os vivos, tampouco para os mortos, se justamente para aqueles ela não é, e estes por sua vez não são. No entanto, a maioria ora foge da morte como o maior dos males, ora a toma para si como um descanso dos males da vida. O sábio, 126 por sua vez, nem desdenha o viver, nem teme o não viver porque, para ele, nem o viver preocupa, nem acredita ser um mal o não viver. E, assim como não escolhe absolutamente a comida mais abundante, e sim a agradável, do mesmo modo desfruta o tempo agradável, e não o mais longo. E é simplório quem recomenda ao jovem viver bem e ao velho terminar bem, não apenas pela boa acolhida da vida, mas ainda por ser um e o mesmo o cuidado de viver bem e de morrer bem. Muito pior enfim é aquele que diz "bom seria nem ter nascido" e, *"uma vez nascido, trans-*

127 *por as portas do Hades o mais rápido possível"*. Pois se está deveras convencido daquilo que fala, como ainda não deixou a vida? E isso, contudo, é algo em seu poder, se é que está de fato firmemente decidido. Mas, se está de brincadeira, é frívolo em coisas que não o admitem.

Deve-se lembrar de que o futuro nem é de todo nosso, nem de todo não nosso, a fim de que não o esperemos como algo que será, nem como algo que não será.

Também se deve levar em consideração que, dentre os desejos, alguns são naturais, outros por sua vez vazios; e, dentre os naturais, uns são necessários, outros apenas naturais; dentre os necessários, há os que são necessários 128 para a felicidade, e há outros, para não importunar o corpo, e há por fim aqueles necessários para a própria vida. Ora, a observação firme desses desejos permite conduzir toda escolha e toda recusa para a saúde do corpo e para a tranquilidade [*ataraxia*] da alma, já que este é o fim de uma vida bem-aventurada: porque em favor disso tudo fazemos, a fim de não termos nem dor, nem temor. E, quando advindo a nós e de vez esse estado, aplaca-se todo o tumulto da alma, não tendo o ser vivo de andar como em busca de algo que lhe falta, nem procurar algo outro que complete o bem da alma e do corpo. Pois o momento em que temos necessidade de prazer é quando sofremos em decorrência da não presença do prazer e, quando já não sofremos, não precisamos de prazer.

Por isso dizemos que o prazer é o princípio e o fim de uma vida bem-aventurada. Porque o reconhecemos como 129 um bem primário e conatural e dele vem o sinal para toda escolha e toda recusa e a ele chegamos discernindo todo o bem por meio daquilo que sentimos como critério. E, já que esse é um bem primário e inato, por isso também não é todo prazer que é escolhido, mas há ocasiões em que passamos por cima de diversos prazeres, quando a dificuldade decorrente deles for maior para nós, ao passo que cremos algumas dores valerem mais que prazeres toda vez

que para nós se seguir um prazer maior ao suportarmos por mais tempo as dores. Por ter uma afinidade natural, no entanto, todo prazer é bom, todavia nem sempre é o escolhido, assim também como toda dor é um mal, mas
130 nem toda dor por natureza é sempre evitada. Contudo, é conveniente discernir tudo isso ao observar e comparar vantagens e desvantagens. Pois algumas vezes nos servimos do bem como o mal e também inversamente do mal como um bem.

Cremos ainda que a autossuficiência é um grande bem, não a fim de nos servirmos de pouco em toda e qualquer circunstância, mas de modo a nos contentarmos com pouco se não tivermos muito, genuinamente convencidos de que tiram o maior prazer da opulência aqueles que não carecem dela e de que tudo o que for natural é fácil de obter, embora o vazio seja difícil de conseguir. Os sumos simples trazem tanto prazer quan-
131 to os regimes opulentos, quando suprimida qualquer dor proveniente da carência. Pão e água proporcionam o mais alto prazer, toda vez que são levados à boca de quem deles carece. Portanto, habituar-se nas coisas simples e regimes não opulentos é também o mais completo à saúde e produz o homem diligente para as tarefas necessárias da vida, dispondo-nos igualmente melhor para a opulência com que deparamos de tempos em tempos, além de nos tornar destemidos diante da sorte. Quando dizemos, então, que o prazer é um fim, não nos referimos aos prazeres dos dissolutos e àqueles que residem em algum tipo de desfrute — como creem alguns por ignorar, desconhecer ou mesmo interpretar mal —, e sim
132 ao não ter dor em relação ao corpo, nem perturbação no que diz respeito à alma. Não são, pois, bebidas e festins constantes, nem o desfrute de garotos ou mulheres, nem tampouco de peixes ou de tantas outras iguarias que as mesas opulentas oferecem aquilo que torna a vida doce, mas a reflexão sóbria que pergunta pelas causas de toda

escolha e recusa e que se livra das opiniões, fonte dos maiores temores que tomam conta das almas.

De tudo isso, a prudência é princípio e o supremo bem. E por isso mais valiosa que a filosofia é a prudência, de que todas as demais virtudes provêm, ensinando que não há como viver de modo prazeroso sem o modo prudente, belo e justo, tampouco o viver prudente, belo e justo sem o prazeroso. Pois as virtudes são por natureza coligadas ao viver prazeroso e o viver prazeroso é inseparável delas.

Quem acreditas, então, ser melhor do que este? Tem opiniões reverentes sobre os deuses e, em relação à morte, é o tempo todo destemido; leva em conta o fim natural — compreendendo seja que o limite dos bens se completa e é obtido facilmente, seja que o limite dos males, por sua vez, é curto tanto no tempo como nas penas. Acha risível o que para alguns se apresenta como um soberano absoluto de tudo — o destino —, entretanto diz, isto sim, que certas coisas ocorrem por necessidade e outras por acaso, mas algumas enfim dependem de nós, por ser o incoercível a necessidade e por ver o acaso como variável, porém livre de qualquer soberano, por fim, o que depende de nós, e daí associar-se naturalmente à censura ou ao seu contrário. Pois melhor seria conformar-se, então, ao mito dos deuses do que ver-se submetido ao destino dos físicos: porque naquele caso se subscreve ao menos a esperança de intercessão dos deuses por meio de sacrifícios, mas, neste, a necessidade é inexorável. E entende que o acaso não é divino, como crê a maioria (visto que nada feito por deus é desordenado), nem tampouco uma causa incerta. Pois presume não dependerem do acaso quer um bem quer um mal para a vida bem-aventurada dos homens, embora estejam sob o seu auspício princípios de grandes bens ou males; considera melhor ser desafortunado e raciocinar bem do que afortunado e raciocinar mal: o que mais vale nas ações é guiar-se por um discernimento correto e ainda ser favorecido pelo acaso.

Isso tudo e mais o que lhe seja conatural, medita por ti mesmo dia e noite e por quem é semelhante a ti. Jamais te sentirás perturbado seja na vigília, seja em sonho, e viverás como um deus entre os homens. Porque em nada se parece a um mortal o homem que vive entre bens imortais.

Carta a Heródoto

35 Epicuro saúda Heródoto.

Para os que não podem, Heródoto, dar conta dos detalhes em meus escritos sobre a natureza, ou percorrer os livros mais longos que já compus, para estes preparei um breviário de toda a doutrina, com o propósito de guarnecer a memória o suficiente com as opiniões mais importantes, a fim de que em toda e qualquer ocasião possam auxiliar a si mesmos nos pontos principais, tanto quanto se empenhem na teoria da natureza. E os suficientemente avançados na visão de conjunto, por sua vez, devem ter na memória o esquema da doutrina inteira, apresentado nos elementos básicos, pois de apreensões concisas precisamos com frequência, mas do pormenor nem tanto.

36 Deve-se então voltar continuamente a isso e colocar na memória o tanto de que se dará a apreensão fundamental sobre os fatos, bem como a descoberta precisa de todo pormenor, tão logo compreendidos e bem memorizados os esquemas mais importantes; já que, mesmo no caso de quem está perfeitamente formado, o fundamental de todo conhecimento acurado é ser capaz de empregar prontamente as noções, reunindo toda e qualquer coisa a elementos e dizeres simples. Pois não é possível saber o condensado do curso contínuo inteiro aquele que não

37 retiver em si mesmo, mediante dizeres breves, tudo o que poderia ser exposto em detalhes no pormenor. Daí, sendo

o método útil para todos que se dedicam ao estudo da natureza — cuja atividade contínua, aliás, recomendo e graças à qual se colhe sobretudo serenidade para a vida —, preparei este tipo de breviário para ti: com os princípios elementares de todas as opiniões.

Primeiro, Heródoto, é preciso captar o que está subentendido pelos sons vocais para, ao nos referirmos a isso, termos como decidir sobre o que é matéria de opinião — quer uma pesquisa, quer um impasse —, e para que tudo não seja incerto para nós, por termos vocalizações vazias e demonstrações ao infinito. É necessário, de fato, que, para cada som vocalizado, a primeira noção seja visualizada sem que careça de demonstração, se é que devemos dispor daquilo que é referido em matéria de opinião, pesquisa ou impasse.

Em seguida, é preciso observar todas as coisas segundo as sensações e em geral segundo as apreensões presentes, tanto do pensamento como de qualquer outro critério, assim como as afecções subjacentes, a fim de que tenhamos sinais a partir dos quais julgar tanto o que espera confirmação como aquilo que não é evidente.

Uma vez estabelecidas essas distinções, é preciso agora um olhar sinóptico sobre as realidades não evidentes. Diga-se em primeiro lugar que nada é gerado do não ser; do contrário, tudo poderia ser gerado de tudo e nada precisaria de sementes. E, se o que desaparece fosse destruído e levado a não ser, todas as coisas pereceriam, por nada ser aquilo em direção a que se desintegrariam.

Ademais, o todo sempre foi tal como agora é, e sempre tal será; pois nada há em direção ao qual se transforme; porque, para além do todo, nada há que possa lhe penetrar e produzir a mudança.

E ainda <*escólio*>, o todo consiste <em corpos e vazio>. Que corpos existem é algo sempre atestado pela própria sensação, de acordo com a qual também é necessário que o não evidente seja conjecturado via raciocínio, como já dito. E, se não houvesse lugar, que chamamos "vazio", "espaço" e "natureza intangível", não haveria onde os corpos estarem e nem por onde se moverem, como é manifesto que se movem. Além de corpos e vazio, nada se pode conceber — quer abarcando pelo pensamento, quer por analogia àquilo que é abarcado pelo pensamento —, captado como naturezas completas, e não como o que dizemos atributos acidentais ou permanentes delas.

41 Ademais <*escólio*>, dos corpos uns são compostos e outros, aquilo de que são produzidos os compostos — e isso é algo indivisível e imutável (se nem tudo, de fato, está destinado a destruir-se no não ser e, pelo contrário, há aquilo que subsiste à dissolução dos compostos), sendo compacto em sua natureza, não tendo como nem por onde ser dissolvido. Assim, é necessário que os princípios sejam naturezas indivisíveis dos corpos.

E mais: o todo é ilimitado. Pois o que é limitado tem uma extremidade; ora, a extremidade discerne-se ao lado de outra coisa; assim, o que não dispõe de extremidade não tem limite; e, não dispondo de limite, há de ser ilimitado e não delimitado.

Ademais, ilimitado é o todo tanto na quantidade de
42 corpos como na extensão do vazio. Porque, se o vazio fosse ilimitado e a quantidade de corpos definida, em nenhum lugar os corpos permaneceriam, mas seriam levados e dispersados através do vazio ilimitado, sem algo que os sustentasse e os fizesse recuar depois das colisões. E se, pelo contrário, o vazio fosse definido, então os corpos em quantidade ilimitada não teriam lugar para ocupar.

Além disso, os corpos indivisíveis e plenos — dos quais os compostos são produzidos e nos quais ainda se reduzem quando dissolvidos — apresentam diferenças de formato em número não abrangível pelo pensamento; pois não é possível que tantas diferenças surjam dos mesmos formatos em número que o pensamento abranja. Mas, para cada formatação, os corpos similares são absolutamente ilimitados em número, e as diferenças de formato não são absolutamente ilimitadas, apenas não abrangíveis pelo pensamento <escólio>, se, no que diz respeito a suas grandezas, não quisermos levar ao absolutamente ilimitado.

Os átomos movem-se continuamente. <Escólio>. E isso eternamente, alguns <lacuna> afastam-se a grandes distâncias uns dos outros, mas há aqueles que, pelo contrário, mantêm sua vibração no mesmo lugar — quando se encontram contidos em um emaranhado ou recobertos por outros já emaranhados. E a isso leva, no primeiro caso, a natureza do vazio, que, delimitando cada um, não é capaz de produzir a sustentação; no segundo caso, tanto a solidez constitutiva deles que produz no entrechoque um ricocheteio como o emaranhado, na medida em que, após o choque, concede ao átomo voltar à sua posição inicial. Sendo as causas tanto os átomos como o vazio, disso não há um início. <Escólio>.

Uma fórmula de tamanha concisão, estando tudo guardado na memória, oferece um esquema suficiente da reflexão acerca da natureza dos seres.

E mais: os mundos são ilimitados, quer os semelhantes a este, quer os dessemelhantes. Uma vez que, como já se demonstrou, por serem ilimitados os átomos, são levados até o mais longínquo; e tal como descritos os átomos a partir dos quais seria gerado e pelos quais seria produzido um mundo, não se esgotam em um único, tampouco em um número limitado, nem mesmo em quantos forem como este ou diferente deste. Assim, nada há que impeça um número ilimitado de mundos.

Ademais, existem moldes com o formato similar ao dos sólidos, cuja sutileza excede em muito esses que se mostram. De fato, não é impossível que se produzam emanações desse tipo no meio circundante ou que se produzam condições favoráveis à elaboração das concavidades e sutilezas ou que eflúvios conservem exatamente a posição e o arranjo sucessivos que tinham nos sólidos. A esses moldes damos o nome de "simulacros". E, se o deslocamento ocorre no vazio sem que nada lhes faça resistência, realizam qualquer percurso imaginável em um tempo inconcebível. Pois são a resistência e a não resistência que tomam o aspecto de lentidão e de velocidade.

Por certo, um mesmo corpo que se desloca não chega, em intervalos de tempo considerados pela razão, a mais de um lugar simultaneamente, visto ser isso impensável. Em um intervalo de tempo perceptível, chegando esse corpo até nós não importa de onde no infinito, não seria do lugar a partir do qual concebemos o deslocamento. De todo modo, haverá aqui semelhança a uma resistência, mesmo se há pouco admitimos que a velocidade do deslocamento seja tal qual uma não resistência. Esse é um elemento útil de reter.

Além disso, nenhum testemunho do que se mostra contesta [1] que os simulacros sejam de uma sutileza inexcedível; daí ainda terem velocidade inexcedível, todos tendo uma passagem simétrica se nada resistir ou pouco resistir em face do número ilimitado deles, embora, para muitos, ou mesmo um número ilimitado deles, algo imediatamente resista; nem [2] que a geração dos simulacros ocorra de uma só vez com o pensamento. Pois o fluxo proveniente da superfície dos corpos é contínuo — mas isso não é indicado por nenhuma diminuição, graças a um preenchimento compensatório —, conservando por muito tempo a posição e a ordem dos átomos nos sólidos, se bem que por vezes seja perturbado. Combinações rápidas formam-se no meio circundante por não ser preciso serem preenchidas em profundidade, além de haver ainda outros modos possíveis de produzir tais naturezas. Nada disso é contestado pelos sentidos, quando se considera o modo como se relacionam conosco as atividades e as afecções provenientes dos objetos exteriores.

49   É preciso admitir ainda que pensamos e vemos formatos quando algo dos objetos exteriores se introduz em nós. Porque as coisas externas não poderiam imprimir a cor e o formato que lhes são próprios por natureza por meio do ar intermediário entre elas e nós, nem por meio dos raios luminosos ou de nenhum outro fluxo de nós até elas, do mesmo modo que o fazem quando certas réplicas se introduzem em nós provenientes e similares às coisas pela cor e pelos formatos, adaptando seu tamanho à visão
50 e ao pensamento, com deslocamentos rápidos e restituindo ainda por causa disso a imagem de algo que é uno e contínuo, conservando a afecção proveniente do substrato graças à pressão simétrica que vem dele a partir da vibração profunda dos átomos no sólido. A imagem que captamos pelo modo de observar quer com o pensamento, quer com os órgãos dos sentidos, tanto do formato como das propriedades concomitantes, é o próprio formato do sólido em função da sucessão compacta do simulacro ou daquilo que resta.

    O falso e o equívoco residem sempre, por seu turno,
51 em algo que a opinião lhes acrescenta <escólio>. Pois as imagens não teriam similaridade — quer as captadas como reproduções, quer aquelas produzidas em sonho ou mediante outras apreensões do pensamento e demais critérios — com as coisas que dizemos serem e serem verdadeiras, caso não houvesse esse tipo de réplica em direção a que nos lançamos. Mas não existiria equívoco, se não fosse captado em nós mesmos algum outro movimento que, apesar de unido, fosse distinto da apreensão imaginativa; de acordo com esse movimento, caso não haja confirmação ou haja contestação, o falso se produz; e, havendo confirmação ou não contestação, por sua vez, o
52 verdadeiro. É preciso aderir bem a essa opinião, a fim de que não sejam destruídos os critérios segundo evidências e não se produza em tudo confusão, estabelecendo-se, assim, o equívoco.

O ato de ouvir ocorre a partir de um sopro que se transporta proveniente de quem fala ou emite som ou ruído, e que se dispõe de algum modo a uma afecção auditiva. Esse fluxo se espalha por pequenas massas de partes similares, que entre elas conservam ao mesmo tempo uma conexão e uma união própria, propagando-se desde o emissor e produzindo, no mais das vezes, a sensação que a ele se aplica, se não ao menos disposta a tornar evidente que provém do exterior. Pois, sem uma conexão que se transportasse desde alguma fonte, esse tipo de sensação não seria produzido. Não se deve crer, portanto, que o próprio ar seja modelado pela voz proferida ou algo do mesmo gênero (porque de muito carece para que sofra a disposição pela ação dela), mas imediatamente, quando emitimos a voz, o golpe que ocorre em nós produz a expulsão de certas massas próprias a constituir um fluxo análogo ao vento, e que em nós provoca a afecção auditiva.

Também se deve admitir que o olfato, tal como a audição, jamais poderia elaborar nenhuma afecção, se não houver certas massas se transportando desde o objeto e simétricas para mover esse órgão sensível, algumas de tipo desordenado e incompatível, outras de tipo ordenado e apropriado ao órgão.

Deve-se admitir ainda que os átomos não levam nenhuma qualidade das coisas que se mostram, exceto formato, peso, grandeza e tudo o que é necessariamente congênito ao formato. Pois toda qualidade muda; os átomos por sua vez em nada mudam, já que é preciso, por certo, que algo sólido e indissolúvel subsista na dissolução dos compostos, o qual produzirá as mudanças não em direção ao não ser, nem tampouco a partir do não ser, mas graças a trocas de posição em muitos casos, do acréscimo e decréscimo de átomos em outros. Donde é necessário ser indestrutível e de natureza imutável o que troca de posição, com massas e formato próprios, visto que isso é necessário subsistir. De fato, nas coisas que se transformam diante de nós por erosão, a forma é captada como sendo a elas inerente, embora as qualidades não sejam inerentes do mesmo modo que a forma naquilo que se transforma — e desaparecem de todo do corpo. Aquilo que subsiste é, portanto, suficiente para produzir tais diferenças dos compostos, já que é necessário ao menos algo subsistir e não se destruir levando ao não ser.

Não se deve admitir, contudo, que haja átomos de toda e qualquer grandeza, a fim de não sermos contestados pelos fenômenos, não obstante seja preciso admitir certa variação de grandezas. Pois, se isso for aceito, tudo o que ocorre com as afecções e sensações se explica melhor; mas admitir que possam ter toda e qualquer grandeza de nada serve às diferenças de qualidades e implica ainda que átomos visíveis cheguem até nós — o que não vemos ocorrer, nem é possível conceber como um átomo poderia tornar-se visível.

Tampouco se deve admitir que haja em corpos delimitados um número ilimitado de massas, não importa quão pequenas. Assim, não somente é preciso excluir a divisão ao infinito em direção ao cada vez menor — para não fazer tudo frágil e, incluídos os corpos compactos, para não sermos forçados a reduzi-los ao não ser quando compomos os entes —, mas também não admitir que, no caso de corpos delimitados, o percurso em direção ao cada vez menor possa ocorrer ao infinito.

De fato, não há como pensar de que modo esse percurso seria possível quando se diz que, num corpo qualquer, as massas — pouco importa quão pequenas — são ilimitadas. Como poderia ainda essa grandeza ser limitada? Pois é evidente que as massas ilimitadas são de um tamanho ou de outro; e, não importa quão pequenas sejam, a grandeza resultante delas também seria ilimitada. Dado que o corpo delimitado tem uma extremidade discernível — mesmo que não possa ser considerada por si mesma —, é impossível deixar de pensar que o que a segue é algo do mesmo tipo e, assim, ao prosseguir adiante sempre em sequência, não é possível concluir pelo pensamento que exista o ilimitado.

58 O mínimo perceptível deve ser pensado não como do mesmo tipo que aquele que pode ser percorrido, nem tampouco de todo e inteiramente dissimilar, mas como tendo algo em comum com os que podem ser percorridos, ainda que ele não tenha partes distintas. Quando, porém, por causa da similaridade da característica comum, pensamos haver certa distinção nele — uma parte de cá, outra de lá —, deve-se impor para nós algo de tamanho igual. Consideramos em sequência, a começar pela primeira, e não no mesmo lugar ou como as partes se tocando, mas fornecendo a medida das grandezas mesmas no modo que lhes é próprio, mais numerosas na maior, menos numerosas na menor.

Ora, deve-se admitir ainda que essa analogia vale para
59 o mínimo no átomo. É evidente que, quanto à pequenez, de fato difere do que é considerado mínimo no caso da percepção, contudo vale a mesma analogia. Pois que o átomo tem grandeza foi afirmado precisamente por analogia ao sensível, apenas projetando em grande o que é pequeno. E mais: é preciso admitir que esses elementos menores e simples são limites de extensões, fornecendo a partir de si mesmos como primeiros a medida para as maiores e menores, por consideração racional aplicada ao não visível. Porque o que existe de comum entre eles e o que não admite ser percorrido é suficiente para conduzir a esse ponto. No entanto, formar-se um agregado desses elementos dotados de movimento, isso não é possível.

60 Ademais, não se deve dizer do ilimitado que o alto e o baixo são como um topo e um fundo (de onde estivermos, o acima da cabeça, sendo levado certamente ao infinito, jamais aparecerá para nós como tal), ou o abaixo de qualquer ponto concebido em direção ao infinito, não

se deve dizer que é ao mesmo tempo alto e baixo para o mesmo ponto, visto ser isso impossível de pensar. Assim, é possível supor como um movimento pensado do alto ao infinito e um de baixo ao infinito, mesmo se muitíssimas vezes o que se move a partir de nós para cima de nossa cabeça alcance os pés de quem está no alto ou a cabeça de quem está embaixo, caso se mova para baixo. Porque o movimento inteiro não é menos pensado ser mutuamente oposto que em direção ao infinito.

61 Além disso, é necessário que os átomos tenham velocidades iguais quando se transportam pelo vazio e nada se lhes opõe. Pois nem os pesados se moverão mais rápido do que os pequenos e leves — ao menos se nada for ao encontro deles —, nem os pequenos mais rápido do que os grandes, contanto que todos tenham uma passagem adaptada e enquanto nada se lhes opuser; nem o movimento para cima e o movimento oblíquo resultante de colisões, nem tampouco o para baixo resultante do próprio peso. Porque tão longe quanto conserve um ou outro, até lá o movimento será tão rápido quanto o pensamento e
62 enquanto não encontrar oposição, seja por parte de algo externo, seja do próprio peso diante da potência daquilo com que se chocou.

Entretanto, no que concerne aos compostos, dir-se-á que um é mais rápido do que outro, mesmo tendo os átomos velocidades iguais; pois os átomos contidos nos agregados se movem para um só lugar no mínimo de tempo contínuo — ainda que não se movam para um só lugar nos tempos considerados pela razão, uma vez que frequentemente se fazem oposição, até que uma continuidade de movimento se apresente para a percepção. Pois o que a opinião lhe acrescenta acerca do não visível — que os tempos considerados pela razão terão também a continuidade do movimento —, no caso, não é verdadeiro; já que o verdadeiro é tudo o que se considera [pelos sentidos] ou é captado por uma apreensão do pensamento.

63   Na sequência, é preciso compreender, no que diz respeito às sensações e afecções (porque assim a convicção será mais firme), que a alma é um corpo composto de partes sutis, disseminado pelo agregado por inteiro, que mais se assemelha a um sopro, tendo certa mistura de calor e a este se assemelhando em alguns aspectos, mas àquele, em outros. Há ainda a parte que difere desses mesmos elementos, sobretudo por sua sutileza extrema, e por isso mesmo está em maior conexão com o resto do agregado. Tudo isso é evidente pelas capacidades da alma, bem como as afecções, a facilidade de movimentos, os pensamentos e tudo de que, privados, somos levados à morte.

64   Deve-se ainda reter que, com efeito, a alma é causa preponderante da sensação. Isso por certo não lhe caberia, caso não estivesse de algum modo contida pelo resto do agregado; e como o resto do agregado lhe garante o papel de causa, ele próprio compartilha esse tipo de atributo acidental que vem da alma — todavia, não todos que ela possui. Por isso perde a sensação assim que a alma dele se separa. Pois o agregado não possui em si mesmo tal capacidade, que lhe é arranjada por outra coisa congênita e que, em virtude do poder constituído em volta dela, realiza tão logo por si mesma, por seu movimento,

65 atributo acidental que é a sensibilidade por vizinhança e conexão, como já foi dito.

    Por isso também, enquanto a alma permanecer no agregado, jamais deixa de ter sensação mesmo sendo separada alguma outra parte; e ainda que parte dela pereça com o parcial ou total desintegrar-se daquilo que a recobre, se apesar disso perdurar, terá a sensação. Por outro lado, o agregado restante ao perdurar em parte ou de todo não tem a sensação, caso se separe aquele número de átomos concorrente para a natureza da alma, seja qual for a quantidade.

    Ademais, desintegrando-se de todo o agregado, a alma se dispersa e não tem mais as mesmas capacidades nem movimentos, nem tampouco de sensação tem posse. Pois não é possível imaginar isso sentindo sem estar em tal organismo e fazendo uso de tais movimentos — quando aquilo que a recobre e contém não estiver mais, como agora, no estado em que tem esses movimentos. Mas há ainda este ponto <*escólio*> e deve ser claramente compreendido que o incorporal designa, na acepção geral do termo, aquilo que pode ser concebido por si; ora, não há como conceber o por si incorporal, exceto como vazio. O vazio, por sua vez, nem pode agir, nem sofrer, mas apenas permite através de si movimento aos corpos. Assim, quem diz ser a alma incorporal fala tolices. Uma vez que nada poderia fazer, nem sofrer, se fosse dessa natureza; contudo, é evidente de fato que um e outro são distintamente percebidos como atributos da alma. Portanto, alguém aplicando todos os raciocínios sobre a alma às afecções e sensações, lembrando o que foi dito no início, verá com clareza que estão suficientemente contidos nos esquemas gerais para, a partir deles, dar os detalhes com precisão e segurança.

Além disso, os formatos, as cores, as grandezas, bem como os pesos e tudo o mais que se predica a um corpo como atributos permanentes (seja a todos, seja aos que são visíveis e conhecíveis eles mesmos pela sensação), não devem ser considerados como naturezas que existem por si (pois isso é inconcebível); nem como não existentes de todo, tampouco como certos outros incorporais existentes à parte do corpo, nem, enfim, como partes dele, e sim como o corpo inteiro em conjunto ter disso tudo sua natureza constante; não sendo possível que resulte de convergência como quando as massas mesmas compõem um agregado maior, quer a partir dos constituintes primeiros, quer a partir de grandezas inferiores a esse conjunto dado, mas somente, repito, a partir de tudo isso tendo sua natureza constante. Todos têm apreensões e distinções próprias, acompanhadas do agregado e dele nunca se separando, mas sendo o corpo qualificado de acordo com a noção agregada.

70 Adicionalmente, coincide com os corpos com frequência e não segue constante <muita coisa> que não se inclui entre os invisíveis nem incorporais. Assim, para o termo empregado na acepção corrente deixamos claro não terem os atributos acidentais nem a natureza do conjunto que designamos corpo, tomando o todo junto, nem a constância dos que o seguem sem as quais nem um corpo sequer pode ser concebido. Cada um desses — se seguido do agregado — é designado por certas apreensões, mas só nas ocasiões em que se considera incidir, não havendo
71 constância dos atributos acidentais que o seguem. E não se deve excluir dos seres essa evidência — por não terem a natureza do conjunto em que incidem designado corpo, nem a constância dos que o seguem, tampouco admitir em troca que existem por si mesmos (já que nem isso é concebível, quer no caso destes, quer no caso de constância dos atributos permanentes); pelo contrário, e é precisamente o que aparece, deve-se admitir de todos os atributos acidentais relativos aos corpos, que não os seguem com constância, tampouco em troca que têm por si mesmos o estatuto de uma natureza, mas ser considerado o modo como a sensação mesma produz sua peculiaridade.
72 Também, é preciso ainda compreender com afinco isto: não se deve por certo ser levado a investigar o tempo tal como os demais, que investigamos em um substrato, remetendo-os a prenoções percebidas em nós mesmos, mas por analogia se deve levar em conta a própria evidência que nos faz declarar o tempo "curto" ou "longo" e que trazemos congenitamente em nós. Não é preciso trocar os termos por outros melhores, e sim servir-se dos que já existem para isso; nem tampouco se deve lhe predicar algo diverso, como se tivesse a mesma essência dessa propriedade particular (porque é isso que fazem alguns),
73 mas, sobretudo, deve-se refletir tão somente sobre a que

associamos esse caráter peculiar e pelo qual o medimos. Isso não requer demonstração, basta a reflexão de que o associamos aos dias e às noites, às partes deles, bem como às afecções e ausências de afecções, e ainda aos movimentos e repousos, concebendo-o como certo atributo acidental particular, relativo a esses a que nos referimos designando "tempo". <Escólio>.

Além do que já foi dito, deve-se admitir que os mundos e todo composto limitado, tendo uma contínua similaridade de forma com as coisas que vemos, são gerados do ilimitado, todos eles sendo formados a partir de massas turbulentas particulares, maiores ou menores, e que todos de novo se dissolverão, uns mais rápido, outros mais lentamente, alguns pela ação de tais agentes, outros, de tais outros. <Escólio>. Porém, não se devem admitir mundos necessariamente de um só formato. <Escólio>. Nem que haja viventes que se separaram do ilimitado. De fato, ninguém poderia demonstrar que em tal mundo poderiam ou não estar incluídas sementes como as de que animais, plantas e tudo o mais que observamos é constituído, enquanto em outro não seria possível. (Deve-se admitir que são nutridos tanto e do mesmo modo que sobre a terra.)

É preciso supor, no entanto, que a natureza também recebeu uma instrução múltipla e variada por força das próprias circunstâncias, e depois o raciocínio acrescentou precisão e descobertas ao que foi transmitido pela natureza, rapidamente em certos casos, lentamente em outros, por certos períodos e tempos <com progressos maiores> e por outros, menores. Daí ainda os nomes no início não terem nascido por convenção, mas a natureza mesma dos homens que, segundo cada povo, experimentaram afecções próprias e receberam imagens próprias, emitiram de modo também próprio o ar sob o efeito de cada uma dessas afecções e imagens, como a haver por fim uma diferença entre povos de lugar para lugar. Depois cada povo

76 em acordo instituiu as peculiaridades para tornar as expressões menos ambíguas entre eles e o expressar conciso. E, para certas coisas não visíveis com as outras, quem delas tinha conhecimento ao introduzi-las fazia circular certos sons forçados a proferir ou escolhia por raciocínio de acordo com a causa preponderante de exprimir-se assim.

Também em relação aos fenômenos celestes — movimento, reversão, eclipse, bem como o nascer e o pôr do sol e o que vai nessa linha —, há que se admitir que ocorrem não a serviço de alguém, dando ordens ou vindo a dar e, ao mesmo tempo, dispondo de inteira bem-

77 -aventurança combinada à incorruptibilidade (visto que ocupações, cuidados, iras e favores não condizem com bem-aventurança, mas têm origem na debilidade, no medo e na dependência dos mais próximos) e sendo nada mais que fogo turbulento, ainda tomá-los em troca como algo em posse de bem-aventurança e com movimentos por deliberação. Porém, é necessário guardar intacta a imponência em todas as palavras dirigidas a essas noções, se é para nenhuma opinião contrária à imponência delas advir; do contrário, a própria contradição há de preparar nas almas grande perturbação. Daí ainda ser preciso ter opinião de que essa necessidade e turno desde o princípio juntos se realizam segundo intercepções das massas turbulentas na geração do mundo.

78 Deve-se admitir, ainda, que a tarefa de qualquer estudo da natureza é determinar com precisão a causa relativa aos fatos principais, e acerca dos céus conhecerás a bem-aventurança ao incluir nisso quais as naturezas dos fenômenos celestes tais como observados, e tudo o que lhes é congênere para a precisão em vista dela. E mais: nisso não cabem múltiplas explicações e umas tantas possíveis, tampouco outro modo de ser, e nada em absoluto há na natureza incorruptível e bem-aventurada submetendo-se à decisão ou a qualquer perturbação. E que esse é absolutamente o caso, pode-se captar pelo pensamento.

79   Por outro lado, o incluído no estudo do nascer e do pôr do sol, da reversão, do eclipse e tudo o que lhes é congênere nada acrescenta à bem-aventurança trazida pelo conhecimento, mas quem tudo isso tiver observado, ignorando quais as naturezas e quais as causas dos fatos principais, terá tanto medo quanto se isso não tivesse sido contemplado, quem sabe ainda mais, se o espanto originado diante dessa observação não for capaz de dar solução segundo a ordenação dos fatos principais. Por isso descobrimos um número maior de causas das reversões, do nascer e do pôr do sol, dos eclipses, e assim por diante, como no caso dos eventos particulares, e não se deve admitir que o tra-
80 to em favor dessas coisas não recebeu a devida precisão a ponto de acrescentar algo à nossa tranquilidade e bem-aventurança. Assim, causas devem ser inferidas em favor dos fenômenos celestes e de tudo o que é não evidente, arrolando e comparando de quantos modos o fato similar ocorre à nossa volta, desprezando quem não reconhece tanto o que tem ou ocorre de um modo só como o que incide de diversos, transmite a imagem produzida de longas distâncias e ignora as condições a partir das quais não há como estar tranquilo. Se supusermos, portanto, que uma coisa admite vir a ocorrer deste ou daquele modo e em que condições há igualmente como se tranquilizar, o fato de conhecer que ocorre de modos diferentes nos deixa tranquilos, tal como o de que ocorre deste ou daquele jeito.

81   Acima de todas essas considerações em geral, deve-se a propósito aceitar que, nessa matéria, a principal perturbação nas almas humanas se engendra no ter opinião de que são bem-aventurados e incorruptíveis, mas simultaneamente têm vontades, ações e motivos contrários àqueles atributos, e também, seguindo os mitos, no suspeitar ou esperar algo eterno terrível, ou temendo ainda a perda da própria sensibilidade no morrer, como se isso pudesse atingi-las, e no padecer tudo isso não por opiniões, mas por propensão irracional, donde, não limitando o terrível, colher igual ou

82 mais prolongada perturbação do que se isso viesse de opiniões. A tranquilidade de alma é o libertar-se disso tudo e continuamente ter memória de todos e principais fatos.

Daí ser preciso ater-se às afecções presentes e às sensações — às comuns, segundo o comum, e às particulares, segundo o particular — e a toda evidência presente de acordo com cada um dos critérios; pois, se nos ativermos a isso, inferiremos corretamente as causas que engendram perturbação e temor; e, inferindo a causa em favor dos fenômenos celestes e dos demais incidentes que ocorrem de tempos em tempos — tudo o que mais atemoriza o restante dos homens —, libertos estaremos.

83 Eis, Heródoto, abreviados para ti os pontos capitais relativos à natureza do todo; desse modo, mesmo quem não chega a todas as minúcias e detalhes do pormenor, retido com precisão, este discurso há de torná-lo capaz de vigor incomparável, penso eu, em face do restante dos homens. E, assim, esclarecerá ainda por si mesmo muitos detalhes do pormenor, de acordo com a doutrina toda, e postos na memória esses pontos continuamente auxiliarão. Tal é de fato o feitio, e desse modo quem já é proficiente ou formado nos detalhes do pormenor, remontando a essas apreensões, há de levar a cabo a maioria dos cursos relativos à natureza do todo. E quem não é um daqueles em aperfeiçoamento, a partir destes pontos e por orientação não oral, faz, por sua vez, junto ao pensamento, o curso dos pontos principais em direção à serenidade.

Carta a Pítocles

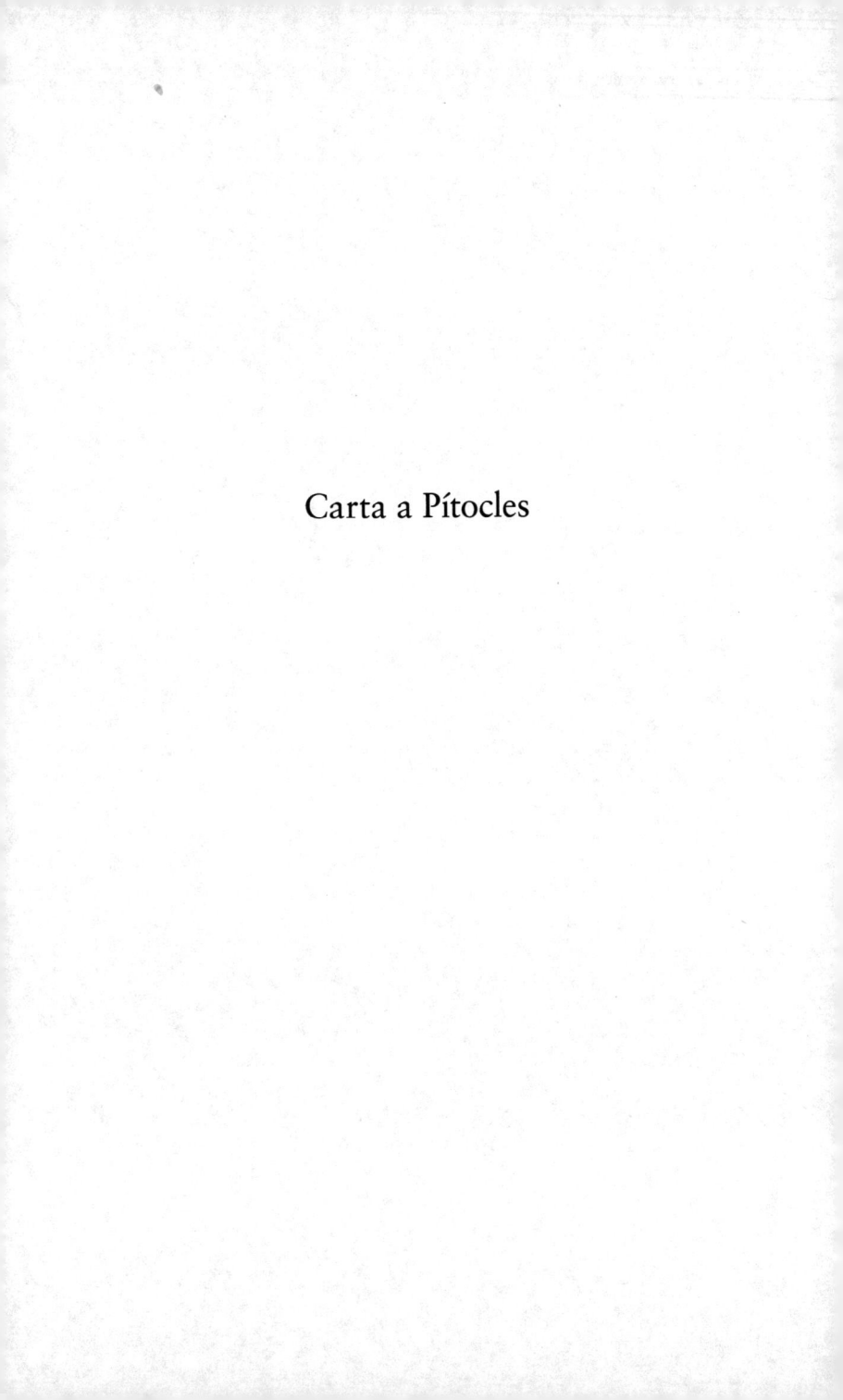

84 Epicuro saúda Pítocles.

Cléon trouxe-me uma carta de ti, em que continuas demonstrando para comigo amizade digna de meu cuidado por ti e, não sem sucesso, tentaste relembrar os argumentos que levam a uma vida bem-aventurada; pedes também que te envie uma argumentação concisa e bem circunscrita sobre os eventos celestes, a fim de relembrá-la facilmente; pois de fato meus outros escritos são difíceis de memorizar, embora — como dizes — estejam sempre contigo. De minha parte, teu pedido é um prazer, e, ao
85 atendê-lo, conserva-se uma esperança prazerosa. Por isso, já tendo escrito todo o restante, levo a cabo precisamente a argumentação que pediste e que será útil a muitos outros, sobretudo aos que há pouco provaram o genuíno estudo da natureza e àqueles enredados em preocupações mais profundas do que as ordinárias. Apropria-te bem então disso e, tendo-o na memória, percorre-o com acuidade junto ao restante do que foi tratado no pequeno breviário enviado a Heródoto.

Primeiro, deve-se admitir que não há outro fim para o conhecimento dos eventos celestes — quer tratados em conexão com outros pontos, quer de modo independen-
86 te —, bem como para tudo o mais, senão a tranquilidade da alma [*ataraxia*] e a convicção segura. E não se deve tampouco forçar o impossível, tentando adotar para tudo

uma teoria similar àquela dos modos de vida e a outras que visam resolver problemas físicos, com enunciados, por exemplo, de que o todo consiste em corpos e natureza intangível ou de que os elementos são indivisíveis, e tudo o que é desse gênero — a saber, que admite um único modo de pôr-se de acordo com os fenômenos. De resto, esse não é o caso dos eventos celestes, cujas causas de geração e determinação do ser, pelo contrário, podem ser postas em conformidade com as sensações de múltiplos modos. Pois a natureza não deve ser estudada seguindo axiomas vãos e leis estabelecidas, mas segundo a maneira como os fenômenos nos convidam a fazer. Nosso modo de vida, aliás, não precisa de preconceito pessoal e opinião vazia, e sim de um viver isento de perturbação. No entanto, tudo ocorre sem abalos a respeito de todos os fatos apurados por múltiplas versões, em harmonia com os fenômenos, quando alguém concede em favor deles, como convém, explicar com persuasão. Mas quem, por outro lado, conserva uma e rejeita outra sendo igualmente em harmonia com os fenômenos, é claro que se afasta por completo do estudo da natureza e cai no mito.

Indícios das coisas que se perfazem nos céus são levados daquelas que se mostram junto a nós e são consideradas no momento mesmo em que se dão — e não é esse o caso dos fenômenos celestes, pois estes admitem múltiplos modos de engendrar-se. Todavia, deve-se preservar a imagem de cada um e, no caso do que lhe é associado, deve-se escolher o perfazer-se de múltiplas maneiras que não é contestado pelo ocorrido junto a nós.

Um mundo é uma porção circunscrita do céu, circunscrevendo astros, terra e todos os fenômenos, tendo se separado do ilimitado e terminado em um limite, ralo ou denso, e que, desmanchando, trará ruína a tudo o que nele está, quer girando, quer em repouso, e de contorno seja arredondado, seja triangular, seja qual for. Pois admite todos esses modos, já que nenhum dos fenômenos o contesta

neste mundo, em que não há como compreender em que
89 termina. Que tais mundos são em número ilimitado, por sua vez, há como compreender, e também que um mundo assim possa engendrar-se tanto em um mundo como em um intermundo — como chamamos um intervalo intermediário de mundos —, em um lugar na maior parte vazio — mas não em um vasto puro vazio, como dizem alguns — e, tendo afluído certas sementes adequadas — a partir de um único mundo ou de um intermundo ou de múltiplos mundos —, produzindo pouco a pouco adjunções e articulações e migrações para outro lugar — se assim calhar —, bem como irrigações de conteúdos adequados até um estado de perfeição e estabilidade, conforme
90 o tanto de depósito que podem receber os fundamentos. Porque não basta engendrar-se um único agregado ou um vórtice no vazio, em que, segundo o que se acredita, um mundo admita surgir por necessidade e crescer até que se choque com outro, tal como diz um dos assim chamados físicos; visto que isso está em conflito com os fenômenos.

O Sol, a Lua e os demais astros não se engendraram por si mesmos para depois serem circunvolvidos pelo mundo e tudo quanto este conserva, mas desde o início foram feitos e cresceram <escólio> por adições e vórtices de certas partículas sutis, de natureza ventosa, ígnea ou de ambas. Pois a sensação dá apoio a ser isso assim.

91 E a magnitude do Sol e dos demais astros, tomada em relação a nós, é tão grande quanto nos aparece. <Escólio>. Mas, em relação a si mesma, por sua vez, é decerto maior ou um pouco menor ou mesmo tão grande quanto a percebida <não ao mesmo tempo>. Assim também, os fogos junto a nós observados à distância o são de acordo com a sensação. E toda e qualquer objeção sobre essa parte será facilmente solucionada quando se confia nas evidências — o que foi mostrado nos livros *Da natureza*.

92 O nascer e o pôr do sol, da lua e dos demais astros podem se engendrar por ignição ou extinção, sendo tais

as configurações ainda em cada um dos lugares, de modo a se perfazerem as coisas mencionadas, pois nenhum dos fenômenos o contesta. E poderia ainda consumar-se o mencionado pela emergência desde o horizonte da terra e nova ocultação, uma vez que nenhum dos fenômenos o contesta. Não é impossível ainda serem engendrados os movimentos deles por um vórtice do céu inteiro ou pelo repouso dele, e um vórtice deles produzido por necessidade desde o princípio na geração do mundo <rumo ao Oriente> em calor por certa propagação do fogo avançando sempre até os lugares contíguos.

93

As reversões do Sol e da Lua admitem, por seu turno, engendrar-se por uma inclinação do céu assim constrangido de tempos em tempos; e igualmente, por repulsão de ar ou ainda tendo se incendiado permanentemente matéria adequada, recua-se dela; ou também ter sido consignado a esses astros desde o princípio um vórtice tal, de modo a movê-los como uma espiral. Pois todas essas explicações e outras aparentadas em nada discordam das evidências, se alguém sempre se mantiver nesses pormenores no âmbito do possível para poder trazer a harmonia aos fenômenos a cada um deles, não temendo artifícios servis de astrônomos.

94

O minguar da Lua e de novo seu crescimento também poderiam engendrar-se em razão do giro do corpo da própria Lua e igualmente de uma configuração do ar, e ainda de interposições. De todas as versões nas quais é evocado o que se mostra junto a nós, explicações para esse tipo de aspecto da Lua podem ser dadas, contanto que não se aceite a versão única rejeitando em vão as outras, por ignorar o que é possível e o que é impossível ao homem observar, desejoso então de observar o impossí-

95

vel. E a Lua ainda admite ter luz por si mesma, bem como admite tê-la por causa do Sol. Pois entre nós se observa muita coisa que tem luz por si mesma e muita coisa, por outro lado, devido a outros. E nada nos fenômenos celestes o impede, no caso de quem sempre tem memória da versão múltipla e investiga hipóteses e causas condizentes com os fatos, em vez de olhar incongruências (inflando-as inutilmente) e inclinar-se de uma maneira ou de outra para a versão única. A aparência de rosto na Lua pode engendrar-se seja por alternância das partes, seja por uma ocultação, e quantas versões ainda considerem a harmonia que ganham os fenômenos. No caso de todos os fenômenos celestes, por certo não se deve renunciar a esse modo de pesquisa. Porque quem entra em conflito com as evidências jamais terá parte na autêntica tranquilidade de alma.

O eclipse do Sol e da Lua pode se engendrar tanto por extinção, como se observa ocorrer junto a nós, como por ocultação atrás de outros corpos, quer da Terra, quer de algum outro corpo celeste do tipo. Devem-se, assim, considerar em conjunto as versões apropriadas umas com as outras — e nem é impossível tais contingências se engendrarem simultaneamente. <Escólio>. Ainda, a regularidade dos turnos deve ser compreendida tal como a de alguns que se engendram por acaso junto a nós. Mas que a natureza divina de nenhuma forma seja trazida para dar conta disso e em total beatitude seja poupada de encargos. De sorte que, se isso não for feito, todo o estudo acerca das causas dos fenômenos celestes será vão, como já se dá com quem não é apegado ao modo possível e precipita-se ao vazio por pensar que tudo ocorre por uma só versão e por rejeitar todas as outras conforme o admissível, levado ao impensável e incapaz de considerar em conjunto os fenômenos que se devem aceitar como indícios.

Duração alternante das noites e dias é engendrada pelos movimentos do Sol por cima da Terra, ora mais rápidos, ora de novo mais lentos, pela longitude alternante de espaços e pela transcorrência de certos espaços com mais rapidez em relação a nós ou ainda mais lentamente, em harmonia com os quais é preciso estar quando se fala dos eventos celestes. Mas, quem adotar um só briga com os fenômenos e falha em questionar se seria possível ao homem considerá-los.

Sinais sobre o tempo podem se engendrar por contingências de ocasião, como no caso de animais que surgem junto a nós, ainda por diferenças de ar e mudanças. Pois ambas as explicações não brigam com os fenômenos. E em quais casos isso se engendra por esta ou aquela causa, não há como saber.

Nuvens podem se engendrar e acumular em decorrência da condensação do ar por compressões de ventos, em razão do entrelaçamento de átomos entre si e adequados até isso resultar ou devido à reunião de emanações advindas da terra e da água. Não é impossível o consumar-se das composições desse tipo ainda por diversas outras versões. Em seguida, uma chuva pode se consumar advinda de nuvens, espremendo-se em um ponto e mudando em outro, ou ainda do aporte de um vento proveniente de lugares propícios e movendo-se através do ar; ocorrendo um aguaceiro mais forte desde certos acúmulos adequados a tais precipitações.

Trovões admitem ser engendrados quer pela torção de ventos nas concavidades de nuvens, tal como em nossos vasos, quer pelo estrondo de um fogo nelas se distendendo por um vento, quer do rasgão e da separação de nuvens ou mesmo de fricções e rupturas de nuvens tornadas compactas como gelo: tanto o geral quanto esse pormenor, os fenômenos convidam a explicar o engendrar de diversos modos.

Relâmpagos igualmente se engendram por um número maior de versões: pois, tanto por fricção como por colisão, apartando-se das nuvens, a configuração produtora de fogo dá origem ao relâmpago; ainda por serem expulsos das nuvens pela força dos ventos corpos tais que dispõem um clarão; e, por serem espremidos, ocorrendo uma compressão de nuvens umas contra outras na ação de ventos. E mais, por circunscrição de uma luz advinda dos astros, depois comprimida pelo movimento de nuvens e ventos, esvaindo-se através das próprias nuvens, ou por filtragem dessa luz sutilíssima através das nuvens (ou por se juntarem nuvens advindas do fogo e consumar-se por fim os trovões) e pelo movimento dela. Ou, ainda, por deflagração do vento em decorrência da intensidade do movimento e da forte rotação; ou por ruptura de nuvens pela força de ventos e pela queda dos átomos produtores tanto de fogo como da aparência do relâmpago. Será fácil desvendar tudo isso por diversas outras versões, mantendo-se sempre junto aos fenômenos e capaz de observar conjuntamente o que é semelhante.

Em uma conformação de nuvens desse tipo, o relâmpago precede o trovão, seja em decorrência de o vento lançar-se sobre as nuvens e, ao mesmo tempo, expulsar a configuração produtora de relâmpago, desenrolando-se, e o vento só depois perfazer o estrondo; seja em decorrência de ambos caírem simultaneamente, mas anunciar-se o relâmpago mais rápido e com veemência e atrasar-se, por sua vez, o trovão — como de resto em outros casos se observa, quando o golpe se produz à distância.

Raios admitem engendrar-se ora por reuniões de ventos em maior número, por forte emissão e deflagração devido ao rasgão de uma parte, bem como por rejeição ainda mais forte dela até lugares inferiores — o rasgão ocorrendo por haver crescente densidade nos lugares contíguos em virtude da compressão de nuvens; ora por emissão mesmo do fogo se desenrolando, à maneira como um trovão admite engendrar-se, ocorrendo em maior número e atiçando-o um vento ainda mais forte, rompendo a nuvem por não poder recuar até os lugares contíguos, porém se engendra sempre por compressão de umas contra outras, e no mais das vezes contra uma alta montanha, em que raios, sobretudo, caem. E por um número maior de outras versões admite-se advir por fim um raio; afasta apenas o mito: e estará afastado, no caso de quem seguindo bem os fenômenos infere dos sinais aquilo que não se mostra.

Ciclones admitem engendrar-se seja pela descida até lugares inferiores de nuvem em forma de coluna impelida por vento denso, levada através de vento intenso, e ao mesmo tempo a nuvem sendo ainda empurrada à direita e à esquerda do vento externo; seja pela conformação do vento em círculo, junto a certo ar empurrado de cima a baixo com a ocorrência de uma corrente intensa de ventos, mas não podendo se dissipar nem à direita nem à esquerda em meio à condensação em volta do ar. Do ciclone da terra, durante a descida também se engendram tornados, do modo como ocorra a geração em face do movimento do vento; durante a do mar, trombas-d'água.

Sismos admitem ser engendrados pelo corte do vento na terra e pelo deslocamento e contínuo movimento de pequenas massas ao lado dele, quando há estremecimento na terra; e a terra circunvolve esse vento ou vindo de fora ou do desmoronamento do solo em lugares cavernosos dentro dela expirando o ar abalado; e pela própria propagação e reação do movimento de vastos solos desmoronando, quando colide com partes mais sólidas da terra, sismos podem perfazer-se; e por diversas outras versões esses movimentos de terra são engendrados. De tempos em tempos, o engendrar de ventos coincide com algum elemento estranho em uma travessia lenta, e pela reunião de água abundante. Os demais ventos engendram-se ainda de quantidades pequenas em queda, ao ocorrerem delas propagações até as muitas partes côncavas.

Granizo consuma-se por congelamento muito forte, combinado à conformação de certos corpos ventosos vindos de todos os lados e sua partição; e por congelamento mais moderado de certos corpos aquosos, dilaceramento simultâneo, produzindo sua constrição e uma dispersão diante do aglutinar-se por partes congeladas e compactadas. Não é impossível a forma esférica ter se engendrado dos cumes fundindo-se de todos os lados e na composição de todos os lados, como se diz, dos corpos ventosos e de alguns aquosos rodeando partes uniformemente.

Neve, por sua vez, admite perfazer-se de uma partícula sutil de água vertida das nuvens em função de poros proporcionais e da compressão de nuvens apropriadas sempre por disseminação do vento, mantendo-se em seguida um congelamento na sua descida por causa de alguma conformação de forte resfriamento em lugares abaixo das nuvens; e, ainda, devido ao congelamento em nuvens tendo porosidade uniforme, uma exsudação desse tipo poderia ocorrer da compressão de nuvens umas contra outras, de corpos aquosos e dispostos lado a lado, que se perfaz como a constrição produzindo granizo, e que ocorre, sobretudo, no ar; e pela fricção de nuvens congeladas, esse agregado de neve também poderia ganhar impulsão. E ainda por diversas outras versões admite consumar-se neve.

Orvalho consuma-se tanto por confluência simultânea de partículas de ar tais que geram causativos desse tipo de umidade; como por sua descida de lugares úmidos ou que contenham água — lugares nos quais, sobretudo, se consuma orvalho —, mantendo confluência para o mesmo ponto onde há produção de umidade e depois nova descida até lugares baixos, tal como junto a nós igualmente se consuma ainda muitas vezes esse tipo de coisa. <Geada consuma-se> desses orvalhos mantendo certa qualidade de congelamento por causa de alguma conformação de ar frio.

Gelo também se consuma pela expulsão de partículas esféricas advindas da água e pela constrição de outras, desiguais e angulosas, subsistentes na água, ou pela adição exterior de tais partículas que, reunidas, favorecem o congelamento na água, expulsando certa quantidade de esféricas.

Arco-íris é engendrado pela iluminação de ar úmido pelo sol; ou por uma adesão peculiar da luz e do ar, que produzirá as características próprias de tais cores, em conjunto ou de cada uma especificamente, e a iluminação de

110 suas partes a partir do ar refletindo luz de volta, cujos limites captam tal cor, como observamos. A aparência circular forma-se ao ser observado pela visão de todos os pontos a uma distância igual, ou por tal constrição de secções no ar que mantém certa forma circular ou por átomos advindos do mesmo ar nas nuvens assentados nessa agregação.

Halo lunar engendra-se levando ar de volta à Lua por todo o lado, ou reenviando de modo uniforme os fluxos que vêm dela, todos a cercá-la com tal círculo nevoento e sem se separar absolutamente; ou reenviando de maneira simétrica o ar ao redor para cercá-la por todo o lado com
111 um anel espesso. Que se engendre em certas partes, deve-se à força de algum fluxo externo, ou à obstrução, pelo calor, de poros apropriados até isso elaborar.

Cometas são engendrados em razão de tempos em tempos ocorrer um fogo crescente de conformações em certos lugares dos céus, ou de o céu acima de nós adotar algum movimento peculiar ocasionalmente, de modo a tais astros serem levados a luzir, ou por eles mesmos se lançarem em certas épocas por alguma conformação e se dirigirem até os lugares que ocupamos e se tornarem expostos. A sua desaparição é engendrada por causas opostas a essas.

112 Alguns astros giram no mesmo lugar, o que coincide não apenas com o estar fixa essa parte do mundo, acerca de que gira tudo o mais, como dizem alguns, mas ainda por cercá-los um vórtice circular de ar, que torna impeditivo rondar como os outros; ou também por não haver matéria apropriada no espaço contíguo a eles nos lugares em que os vemos fixados. E por diversas outras versões é possível consumar-se isso, se alguém for capaz de inferir harmonia dos fenômenos.

Certos astros estão a vagar errantes, se uma complexão assim coincidir com seus movimentos e outros não,
113 mas se movendo em círculo desde o princípio estão for-

çados a se mover assim, de modo a serem levados alguns por um mesmo vórtice que é uniforme, e outros por um complexo junto a certa não uniformidade; e, a depender do lugar por onde passam, admite-se ainda haver extensões uniformes de ar compelindo no mesmo ponto e chamuscando uniforme e continuamente, porém em outros lugares, não uniformes, de sorte a se perfazerem as alternâncias observadas. Atribuir a isso uma só causa, reclamando os fenômenos por uma diversidade de modos, é delirante e prática inconveniente dos partidários de uma astronomia vã e de quem atribui como causa o vazio, quando de nenhum modo liberta desses encargos a natureza divina.

114 Certos astros coincidem com o observar de que são deixados para trás por outros, quer por serem levados a rodear mais devagar, embora percorrendo o mesmo círculo, quer por serem movidos por um mesmo vórtice puxando em direção contrária; quer por rodearem ora um lugar maior, ora um menor, girando o mesmo vórtice. Pronunciar-se acerca desses eventos de maneira simples convém a quem quer iludir as multidões.

O assim chamado "cair em partes" de astros pode consumar-se tanto por fricção deles próprios e ainda pela emissão de onde ocorre uma deflagração de vento — tal 115 como explicamos no caso dos relâmpagos —; como ainda, por confluência de átomos causativos de fogo, ocorrendo uma afinidade material para esse resultado e um movimento onde é engendrado o lance iniciado pela confluência; e também por reunião de ventos em certa massa densa brumosa e deflagração deles por rotação, seguida de irrupção das partes circundantes, e, seja qual for o lugar ao qual se engendra o lance, para lá se lançam. E há outras versões para produzir-se isso, sem recorrer a mitos.

Os sinais prenunciadores do tempo produzidos por certos animais ocorrem por contingência de ocasião. Pois os animais não exercem nenhuma necessidade para que se produzam tempestades, e nenhuma natureza divina estabelecida em nenhum lugar está tampouco a vigiar as saídas deles para depois levar a cabo o que esses sinais prenunciam. Pois, por menos dotado que calhe de ser, nenhum animal seria atingido por tal loucura, e muito menos quem dispõe de felicidade perfeita.

Põe na memória tudo isso, Pítocles; pois estarás liberto de muito mito e poderás conceber tudo o que é do mesmo gênero. Sobretudo, aplica-te à observação de princípios — do ilimitado e de temas afins — e ainda dos critérios e das afecções, e daquilo em vista do que examinamos esses pontos. Pois são eles, acima de tudo, ao serem considerados em conjunto, que permitirão entender facilmente as causas dos pormenores. E quem não está afeito, sobretudo, a esses estudos nem poderá considerá-las bem no conjunto, nem obter aquilo em vista do que se deve observá-las.

Máximas principais

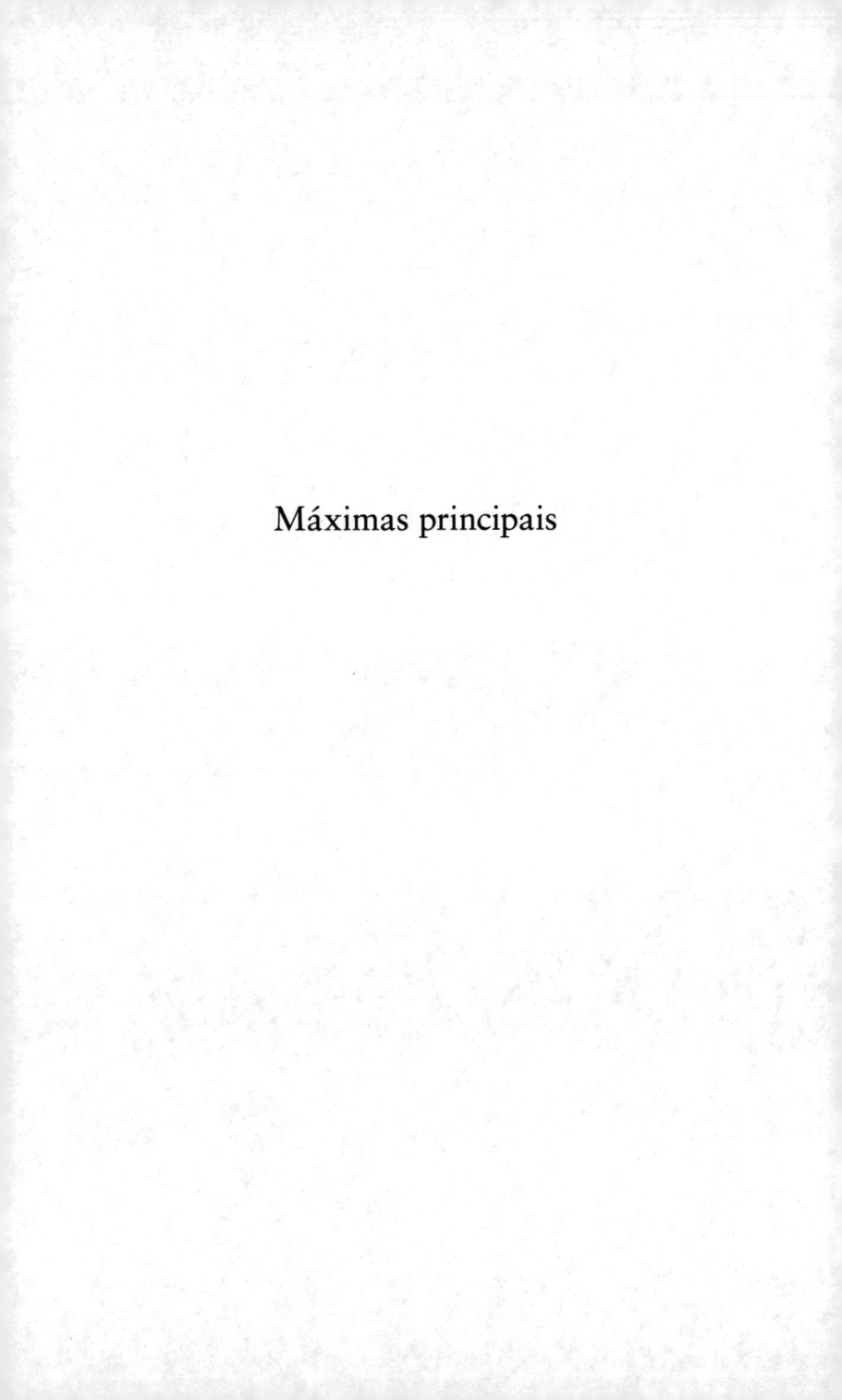

1. O ser bem-aventurado e imortal está livre de preocupações e não as causa a outrem, de modo que não manifesta cólera, nem favoritismo: tudo isso é próprio da fraqueza.

2. A morte nada é para nós, pois aquele que está decomposto nada sente, e o que não é perceptível nada é para nós.

3. O limite de magnitude dos prazeres é a supressão de todo sofrimento. Onde estiver o satisfeito e de acordo com o tempo que assim for, não há dor nem tormento, tampouco os dois juntos.

4. A dor na carne não dura continuamente: a extrema permanece um tempo curto e a que excede por pouco o prazer do corpo não dura muitos dias; as dores crônicas, por sua vez, convivem com um prazer que supera a dor da carne.

5. É impossível viver prazerosamente sem viver de modo prudente, nobre e justo, tampouco de modo prudente, nobre e justo sem viver prazerosamente. Para quem não tiver meios de viver de modo prudente, bem como nobre e justo, não há como viver prazerosamente.

6. Em vista de que os homens se sintam seguros, há o poder e a realeza como um bem natural, para que aquilo fosse de alguma maneira alcançado a partir deles.

7. Alguns aspiram a se tornar ilustres e respeitados, acreditando assim conseguir segurança diante dos homens. Desse modo, se a vida deles decorre segura, foi alcançado o bem natural. E se, pelo contrário, decorre insegura, não

dispõem então daquilo pelo que lutaram de início segundo o que é próprio da natureza.

8. Nenhum prazer é em si mesmo mau, mas aquilo que produz alguns deles traz consigo perturbações muito maiores do que os prazeres.

9. Se todo prazer se condensasse com o tempo e se estivesse presente por todo o agregado ou pelas partes principais de nossa natureza, os prazeres não difeririam uns dos outros.

10. Se o que produz prazeres nos licenciosos os libertasse de temores do pensamento — aqueles acerca dos fenômenos celestes, da morte e do sofrimento; e se ademais lhes ensinasse o limite dos desejos, nada jamais teríamos a lhes censurar, já que estariam saciados por todo lado de prazeres e sem nenhuma dor nem tormento — que são precisamente o mal.

11. Se nunca nos perturbassem apreensões diante dos fenômenos celestes nem acerca da morte, como algo que de algum modo nos afetasse, ou ainda o fato de não compreender os limites das dores e dos desejos, não teríamos necessidade de estudar a natureza.

12. Não há como dissipar o que é temido diante das questões principais sem saber qual é a natureza do Universo — mas apenas algo inquietante em relação aos mitos; de modo que, sem estudos sobre a natureza, não haveria como recuperar prazeres puros.

13. Nenhuma utilidade haveria em construir segurança perante os homens, mantendo-se inquieto diante do que está no alto e do que está debaixo da terra e, em geral, diante do ilimitado.

14. Embora a segurança perante os homens proceda até certo ponto de um poder bem estabelecido e de abundância, uma segurança ainda mais pura procede da calma e de uma vida longe da multidão.

15. A riqueza natural tem limites e é fácil de adquirir, mas aquela das opiniões vazias desvia-se para o ilimitado.

16. O acaso raramente interfere no sábio: o raciocínio administrou, administra e administrará as coisas maiores e superiores de acordo com o tempo na continuidade da vida.

17. O justo é o mais imperturbável; o injusto, por sua vez, está cheio das maiores perturbações.

18. Na carne, o prazer não aumenta, apenas varia, uma vez suprimida a dor advinda da carência. Mas, no pensamento, o limite do prazer nasce da reflexão sobre essas mesmas e outras coisas do mesmo gênero, que causam ao pensamento os maiores temores.

19. O tempo ilimitado contém um prazer igual ao do tempo limitado, se os limites do prazer forem medidos pelo raciocínio

20. A carne toma os limites do prazer por ilimitados e por ilimitado o tempo para provê-lo. O pensamento, por sua vez, ao captar pelo raciocínio que há fim e limites para a carne e ao dissipar os temores concernentes à eternidade, dispõe-se para a vida perfeita — e nenhuma necessidade mais tem do tempo ilimitado. Ele nem foge então do prazer, nem tampouco, diante das circunstâncias que indicam o fim da vida, considera ter sido de algum modo privado da melhor vida.

21. Aquele que conhece os limites da vida sabe quão fácil é obter o que remove a dor causada pela carência e o que a torna completa como um todo. Assim não tem necessidade daquilo que envolve esforço e conflito.

22. Deve-se aplicar o raciocínio ao fim proposto e a toda evidência à qual remetemos as opiniões; senão, tudo estará cheio de confusão e desordem.

23. Se combateres todas as sensações, não terás nem mesmo a que te referires para distinguir aquelas que pretendes descartar.

24. Se rejeitares pura e simplesmente uma sensação qualquer, sem distinguir o opinado no que é esperado e no que já está presente de acordo com a sensação, as afec-

ções e as apreensões imaginativas do pensamento, confundirás as demais sensações com uma opinião vã, de modo que rejeitarás de todo o critério. Mas, se, por outro lado, considerares como certos, nos pensamentos formados pela opinião, tanto o que espera como o que não espera confirmação, não deixarás despercebido o erro; de maneira que terás suprimido toda a possibilidade de discutir bem como todo juízo sobre o que é correto e o não correto.

25. Em todas as ocasiões, se não referes cada um de teus atos ao fim determinado pela natureza, mas dele te desvias, regulando tanto a busca como a recusa por algo diferente, teus atos não estarão seguindo tuas palavras.

26. Dos desejos, quantos não levam à dor se não forem saciados, esses não são necessários, mas correspondem a um apetite fácil de dissipar, caso pareçam de difícil obtenção ou suscetíveis de causar prejuízo.

27. Dentre aquilo que a sabedoria prepara em vista de garantir a felicidade ao longo da vida, de longe o mais importante é a posse da amizade.

28. A mesma compreensão que nos assegura não haver nada de eterno, nem mesmo de longa duração a ser temido, também nos faz ver que a segurança da amizade, dentro do que é limitado, é a mais completa.

29. Dos desejos, alguns são naturais ou [naturais e] não necessários, outros nem naturais tampouco necessários, mas produzidos por opiniões vazias. [*Escólio: Naturais e necessários, Epicuro considera os que livram de sofrimento, como a bebida para a sede; naturais e não necessários, por sua vez, os que apenas fazem variar o prazer sem afastar o padecimento, como alimentos caros; nem naturais tampouco necessários, como aqueles por coroas e consagração por estátuas com forma humana.*]

30. Dentre os desejos naturais que não levam à dor caso não realizados, aqueles cujo ardor é intenso têm origem em opiniões vãs e não se dissipam não por sua própria natureza, e sim pela vacuidade da opinião dos homens.

31. O justo por natureza é símbolo da conveniência que há em não prejudicarem nem serem prejudicados uns pelos outros.

32. Dentre os animais, todos os que não podem fazer acordos para não prejudicar e não serem prejudicados, para esses nada era justo ou injusto; e dentre os povos, o mesmo vale para todos os que não podem ou não querem fazer acordos para não prejudicar e não serem prejudicados.

33. A justiça não era algo por si mesma, mas nos agrupamentos de uns com os outros, qualquer que seja o lugar — antes, agora e sempre —, é certo acordo para não prejudicar ou ser prejudicado.

34. A injustiça não é por si um mal, mas pelo temor ligado à apreensão de não passar despercebida pelos incumbidos de punir esses atos.

35. Não é possível que quem viola às escondidas os acordos estabelecidos em conjunto pelos homens de não prejudicarem nem serem prejudicados uns pelos outros possa confiar que passará despercebido, mesmo se de agora em diante passe mil vezes despercebido, pois até seu desaparecimento não é evidente continuar despercebido.

36. Em geral, o justo é o mesmo para todos, a saber, algo que convém à comunidade de uns para com os outros; mas, considerados em particular cada país e as demais causas, não se segue que o mesmo seja justo para todos.

37. Dentre o que se tem por justo segundo a lei, é justo o que se confirma pela utilidade que convém à comunidade de uns para com os outros, quer ocorra ser o mesmo para todos, quer não. Se alguém apenas o instaura, sem conformar-se àquilo que convém à comunidade de uns para com os outros, isso nada tem da natureza do justo. E, mesmo que mude o que era conveniente de acordo com o justo, desde que se ajuste um tempo à prenoção, não é

menos justo durante esse tempo para quem não se deixa perturbar com palavras vazias, mas olha o mais que possível para fatos.

38. Ali onde, sem que novas circunstâncias exteriores tenham surgido, nas próprias ações, as coisas justas segundo a lei não se conformam à prenoção, essas coisas não serão justas; e ali onde, por sua vez, novas circunstâncias tenham surgido e as mesmas coisas estabelecidas como justas não mais convenham, nesse caso ainda eram justas porque convinham à comunidade de concidadãos e posteriormente não eram mais justas, porque não convinham.

39. Aquele que melhor consegue não se perturbar com as coisas exteriores se torna um aliado de tudo o que pode e, em relação àquilo que não pode, ao menos não um inimigo; mas tudo quanto nem sequer isso é possível evita a relação e faz tudo o que é útil para manter distância.

40. Todos os que têm a capacidade de colocar-se em segurança graças a seus vizinhos vivem com prazer na companhia uns dos outros em plena confiança e, tendo desfrutado da mais completa familiaridade, não lamentam como algo digno de compaixão, quando algum deles morre antes dos demais.

Da natureza, 25

Frag. A [1-22] e B [1-70]

Frag. A [1-22] E muitos naturalmente capazes de alcançar estes e aqueles resultados por causa de si mesmos falham em alcançá-los, e não em razão de uma só causa dos átomos e de si mesmos.[5] De fato, sobretudo esses combatemos e repreendemos; odiando-os por uma disposição que segue suas naturezas congênitas desordenadas, como no caso de todos os animais. Pois a natureza dos átomos em nada contribuiu para algumas de suas ações, e para a magnitude das ações e atitudes, mas os próprios desenvolvimentos [10] contêm toda ou muito da causa de certas coisas. E é como um resultado daquela natureza que alguns dos átomos se movem com movimentos desordenados, não nos átomos toda <...*lacuna*...>.[15] Assim, quando um desenvolvimento ocorre ao tomar certa diversidade dos átomos de um modo separado — não daquele decorrente de ver de uma distância diferente —, ele adquire uma causa advinda de si mesmo, que então é transmitida de imediato às primeiras naturezas e faz do todo de si um cânon.[20] Daí os incapazes de fazer tais distinções estarem eles mesmos confusos sobre a atribuição de causas.

Frag. B [1-70] Desde o princípio, primeiro temos sempre sementes que nos conduzem, algumas para estes, outras para aqueles, outras ainda para ambos, ações, pensamentos e disposições, em maior ou menor número. Assim, primeiro absolutamente depende de nós [5] o que se torna desde já um desenvolvimento — características deste ou daquele tipo —; e ocorrer em dado momento o que por necessidade flui do ambiente através de nossos poros depende de nós e depende de opiniões nossas e que vêm de nós [10] <...lacuna...> de que não cessam de ocorrer as afecções <...>, admoestar e combater e [15] reformar uns aos outros como estando a causa em si mesmos e não só nas constituições originais e na necessidade autômata [*to automaton anagkêi*] do que depois se introduz neles a partir do ambiente. Pois se alguém, ao próprio admoestar e ao ser admoestado, atribui a necessidade autômata da circunstância sempre presente lá em si mesmo, desse modo jamais é capaz de compreender <...*lacuna*...> repreender ou aprovar. Mas, se for fazer desse modo, [20] estaria deixando de lado a própria ação que, cabendo a nós mesmos, produz a prenoção de causa, nisso alterando de um lado a doutrina, <...*lacuna*...> de outro tal erro. Pois esse tipo de argumento se volta contra si mesmo e [30] nunca pode estabelecer que tudo seja como os assim chamados "eventos necessários". Pelo contrário, combate alguém exatamente sobre isso como se por causa de si mesmo o oponente dissesse tolices. E, mesmo se for ad infinitum dizendo de novo e de novo que ele faz aquilo por necessidade, e sempre por argumentos, falhará na averiguação ao vincular a si mesmo a causa de [35] ter raciocinado dessa maneira e a seu oponente, o não dessa maneira. E, a menos que cesse de fazê-lo a si mesmo, mas atribua à necessidade, nem < *lacuna*..>. E se àquilo que nos referimos como "por causa de nós mesmos" estiver dando o nome de "necessidade", apenas substitui nomes, sem mostrar [40] que certa prenoção a que chamamos "por nossa causa" é do tipo cujos simulacros são imperfeitos, nem <...*lacuna*...> mas ainda chamar de vazio o "por necessidade" diante das coisas que disse. E alguém que não mostre isso nem tem algo auxiliar, nem tampouco um impulso em nós [45] para dissuadir daquelas ações que desempenhamos chamando a causa delas "de propriamente nossas", porém saúda como "por necessidade bruta" tudo o que asseguramos fazer nomeando a causa agora de "propriamente nossa", simplesmente muda um nome, e nem estará reorientando uma de nossas ações, tal como em certos casos aquele que, vendo o tipo de coisa que é feita [50] por necessidade, tem o costume de dissuadir outros que desejam fazer algo diante de uma força. E o pensamento terá de investigar e descobrir o tipo de ação que deve considerar então como aquela que parte de nós mesmos sem que haja desejo de agir. Pois não há nenhuma alternativa a não ser a de dizer qual tipo é por necessidade [55] <...*lacuna*...> sobretudo impensáveis. E alguém que isso não force com palavras, e pelo contrário nem exponha aquilo que refuta ou que aporta, simplesmente recompensa um som, tal como venho repetindo há tempos. Aqueles que originalmente prestaram contas das causas de modo suficiente, [60] e não só divergindo em muito dos antecessores, mas muitas vezes tão grandes como os sucessores, esqueceram-se de si mesmos (se bem que em muitos consolando grandemente), para que a necessidade autômata fosse vista como a causa de tudo. E de fato o próprio discurso era rompido ao ensinar isso e esquecido o grande homem que [65] a doutrina se chocava com as ações; e, se não fosse tomado de certo esquecimento da doutrina no caso das ações, estaria continuamente se embraçando a si mesmo; e enquanto prevalece o da doutrina estaria caindo para os extremos, e enquanto não prevalece estaria repleto de conflitos por causa das contradições entre as ações e a doutrina. Isso, sendo assim, deve-se provar [70] voltando ao que se dizia antes do início desta digressão, e certo mal não <...*lacuna*...>

Sumários analíticos e notas

CARTA A MENECEU
Sumário

§122 — *Preâmbulo:* um argumento normativo em favor da filosofia epicurista de cunho eudaimonista (em vista da felicidade) é apresentado.

§123/124 — **Tema 1:** Não há razão para temer os deuses.
O que são os deuses; o que é incompatível e o que é compatível com a noção de divino; as opiniões verdadeiras com apoio na Canônica; e as falsas crenças do homem comum.

§124/127 — **Tema 2:** Não há razão para temer a morte.
O que é a morte; o que é incompatível e o que é compatível com o correto conhecimento do significado da morte; as ilusões e atitudes da maioria em relação à morte, lado a lado com a atitude do sábio diante da vida.

§127/132 — **Temas 3 e 4:** O bem é fácil de alcançar. A dor é fácil de suportar.
Classificação dos desejos; a relação entre desejos e felicidade; o prazer como o bem congênito e primário, fundamentado na Canônica; o cálculo hedonista; autossuficiência e prudência.

§133/135 — Conclusão: O perfil do sábio e a quádrupla cura: *ataraxia*.
O que não é compatível: a ideia de destino. Necessidade, acaso e o que depende também de nós [*par'hêmôn*]. Acaso favorável, bom raciocínio e (medit)ação: "viver como um deus entre os homens".

Comentário geral

A "Carta a Meneceu" segue o "quádruplo remédio" [*tetrapharmakon*]:
[*O theios men aphobon*] O divino, não temível,
[*O de thanatos anypoptóton*] e a morte, não sujeita à percepção;
[*Kai t'agathon euktéton*] o bem, fácil de alcançar,
[*To de deinon euekkarteréton*] e o funesto, fácil de suportar.

Nota-se, contudo, uma diferença: os temas do prazer a ser buscado e da dor a ser evitada, que, de fato, são correlatos e estão subentendidos na fórmula do quádruplo remédio, serão tratados naturalmente de maneira conjunta na epístola. No fechamento da "Carta", Epicuro apresenta o perfil do sábio que alcançou a *eudaimonia* [felicidade], entendida basicamente como a *aponia* [ausência de dor] e *ataraxia* [não perturbação da alma]. Os mesmos quatro lemas abrem também a série de "Máximas principais" — *Kyriai doxai*.

O *Tetrapharmakon*, as quatro "Máximas principais" e a "Carta a Meneceu" podem com efeito ser vistos como fases progressivas no combate das principais doenças da alma. No epicurismo, as moléstias básicas que provocam intranquilidade psíquica são quatro: [1] desejos vãos — anseios que não são naturais, tampouco necessários, e que são insaciáveis — e três tipos de medo: [2] o temor a deus, [3] o temor da morte e [4] o temor da dor. A forma gnômica do "quádruplo remédio" — frases sem ligação lógica e em tom imperativo — apresenta quatro antídotos diretos e concentrados, que atacam os sintomas e são, por isso mesmo, despojados de maiores explicações; o doente pode ministrá-los a si mesmo. Toda a arte de viver está ali contida. As quatro Máximas, por sua vez, enunciam essas mesmas quatro verdades acompanhadas de suas justificações. Contudo, somente na "Carta" teremos os mesmos quatro enunciados centrais de toda a doutrina expostos de maneira conjugada e com sua fundamentação plenamente canônica (cf. Francis Wolff, *L'Être, l'homme, le disciple*, pp. 264-73).

Notas

[§122] Neste preâmbulo, Epicuro apresenta um argumento normativo e de cunho *eudaimonista* (em que pressupõe que a felicidade seja o bem último, para o qual tudo o mais se dirige), com o objetivo de reforçar a adesão do discípulo à sua filosofia. Em linhas gerais, o raciocínio inferencial poderia ser exposto da seguinte forma:

Se a filosofia produz a saúde da alma, então a hora de filosofar é a hora de ter a alma saudável: sempre.

Se ter a alma saudável é ser feliz e se todos (jovens e velhos) querem ser felizes (pois ser feliz é tudo ter), então todos (jovens e velhos) devem praticar a filosofia sempre (o jovem para ter paz em face do futuro e o velho, paz em face do passado).

Há o pressuposto de que a saúde da alma — essência da felicidade — resulta da (sua e não de qualquer) filosofia (aquela que assegura *ataraxia*, ou seja, ao jovem tranquilidade de espírito diante do devir, e ao ancião, tranquilidade em função do que já viveu). Em outras palavras, a filosofia é a arte de viver (não o amor pelo saber e pela verdade, conforme a visão clássica de Platão e Aristóteles), e isso será explicitado no parágrafo seguinte. Nesse sentido, a filosofia visa a um desejo natural e evidente de todo e qualquer ser humano (a felicidade) e, por isso mesmo, diz respeito a todos (jovens, anciãos, escravos e mulheres igualmente). Daí Epicuro retirar uma conclusão de teor normativo: o epicurismo deve ser praticado por toda e qualquer pessoa em todo e qualquer momento da vida.

[§123 a 124] O bloco é iniciado com uma *recomendação* que, no entanto, revela toda a natureza e o teor da filosofia de Epicuro: a doutrina é um conjunto acabado de verdades, elaborado por ele, e, sobretudo, um conjunto de técnicas que prescrevem certo modo de viver. O mestre está em posição superior ao discípulo: sabe melhor do que ele aquilo que lhe convém. O discurso do mestre visa converter, ensinar e ajudar o discípulo a avançar na prática: aprender, aceitar e cultivar os dogmas (e esse é o sentido de "meditar") para ter a vida efetivamente transformada.

A exposição da primeira divisa do epicurismo — "não há razão para temer o divino" — deve ser apreciada ainda junto à primeira de suas Máximas principais — *Kyriai doxai*: "O ser bem-aventurado e imortal está livre de preocupações e não as causa a outrem, de modo que não manifesta cólera, nem favoritismo: tudo isso é próprio da fraqueza" (DL, 10, 139). A ideia central não deixa dúvidas: emoções como a cólera e preocupação com os outros são atributos incompatíveis com o ser bem-aventurado.

Está claro também que a teologia (materialista) de Epicuro visa eliminar os temores infundados em relação à intervenção dos deuses nos afazeres humanos e nas punições após a morte — um dos maiores obstáculos para a felicidade do homem. E do mesmo modo, sua cosmologia mecanicista: a formação do mundo se deu pelo entrechoque de átomos no vazio e a ordem do Universo independe da providência divina, tanto na criação como na sua administração.

Daí a rejeição de certas representações da tradição poética grega (deuses consumidos pela ira, arrebatados por desejos e tomando partido em favor ou contra os humanos) e de opiniões falsas sobre o divino (associado, por ignorância de sua natureza física, a fenômenos como o trovão, a tempestade etc.), embora sejam mantidos o antropomorfismo e certos atributos gerais do divino: imortalidade e felicidade, tamanho e beleza.

Epicuro dá a entender ainda que faz parte de nossa *natureza* conceber *a ideia de deus*. O ateísmo está descartado de saída com base nesta premissa bastante elementar: se consigo pensar em x, então x deve existir objetivamente (ou seja, como objeto) para eu pensá-lo. E, se deuses são concebidos como viventes, a existência deles de algum modo será física.

A dificuldade, então, é entender [1] que tipo de existência teriam os deuses em termos atômicos e [2] como é possível ter deles um conhecimento claro [*gnósis enargés*]. A questão toda é controversa e os textos, inconclusivos. Vale começar por [2] e trazer em apoio o escólio da Máxima citada acima: "Alhures, [Epicuro] diz que os deuses são contemplados [*theôrétous*] pela razão [*logôi*], uns distintos segundo o número, outros segundo uma homogeneidade a partir do afluxo contínuo de simulacros similares para constituir o mesmo, de forma humana" (DL, 10, 139).

Primeiro, parece claro que o conhecimento dos deuses não vem pelos sentidos, tal como compostos materiais cuja solidez percebemos. No caso de objetos externos diante de nós, átomos da camada superficial (um tipo de pele) separam-se em altíssima velocidade e, em emanações e delineações ("simulacros") sucessivas, que resultam da vibração atômica interna desses corpos, quase instantaneamente atingem nossos olhos. O efeito cumulativo de uma série uniforme desse tipo produz uma impressão do objeto

("Carta a Heródoto", §46). Por meio dessas imagens físicas há uma correspondência (ou seja, uma coafecção) entre a impressão sensível e as características efetivas do objeto.

Os deuses, contudo, ainda que não captados assim pelos olhos, são imagens com aspecto humano — algo tão físico quanto uma percepção, apenas mais sutil, fugaz e penetrante. Por isso mesmo, a experiência é facilitada pelo sono, quando os sentidos não estão ativos e o pensamento pode se aplicar nessas imagens [*epibolé tés dianoias*]. De qualquer maneira, para Epicuro, quando penso em um deus, opero com base em figuras fugazes de minha imaginação, que surgem da penetração de imagens produzidas do estoque ilimitado de átomos no ar ambiente, convergindo para formar em mim certas impressões. Disso resulta algo inteiramente similar a deuses antropomórficos da religião tradicional — quer individualizado (segundo o número), como Zeus, quer divindades indiferenciadas (segundo uma homogeneidade), como Ninfas —, todos com as mesmas características de imortalidade e bem-aventurança.

Ora, como assegurar que essas imagens correspondem a deuses verdadeiros, e não a bizarrices forjadas por processos internos em que combinamos e modificamos — seja por analogia, similaridade ou combinação (DL, 10, 32) —, do mesmo modo como compomos o centauro da imagem de um torso humano fundido em um cavalo?

Há, grosso modo, duas linhas de interpretação. Uma é "idealista": os deuses são construções do pensamento por um processo de transição [*metabasis*] e ajustamento baseado na imagem de homens robustos, longevos e felizes (Sexto Empírico, *Adversus mathematicus*, 9, 43-7). São imperecíveis, na medida em que são conceitos e paradigmas eternos do bem viver defendido no epicurismo — da mesma maneira que um sábio teria divina imortalidade por tornar-se um modelo ético ["Carta a Meneceu", §135]. A predisposição natural do ser humano de buscar prazer e as metas que deseja alcançar na própria vida estaria por trás dessa idealização. Longe de negócios humanos, revelando ainda o baixo prestígio das atividades práticas na cultura grega, há quem veja os deuses em sua perfeita *ataraxia* apenas como "modelos de indolência ociosa". Seja como for, os deuses de Epicuro, em outras palavras, seriam objetos de emulação e sua teologia, essencialmente moral. Desse modo, em suma, estaria descartado o problema da natureza física de uma divindade com feitio super-humano. Surge, porém, por outro lado, uma dúvida: neste caso, não seria o epicurismo na verdade um ateísmo dissimulado? Epicuro e seus seguidores negam com veemência. Daí talvez o empenho de alguns discípulos em representar deuses como seres, de fato, "reais" (cf. A. A. Long e D. N. Sedley, *The Hellenistic Philosophers*, pp. 144-9, v. 1).

A outra interpretação seria, vale dizer, "realista": em alguma parte do Universo existiriam seres vivos não só bem-aventurados, como biologicamente imortais. A dificuldade, neste caso, é de outra ordem: se deuses existem e tudo o que existe ou é o vazio ou é um composto de átomos, seria preciso mostrar que podem existir corpos que, mesmo sendo compósitos atômicos, por alguma peculiaridade tornam-se imperecíveis. A solução, como veremos, será colocá-los em algum lugar ao abrigo da destruição.

Com efeito, Lucrécio oferece apoio para uma interpretação desse segundo tipo. Ele afirma que estaria "fora de dúvida que os deuses, por sua própria natureza, gozam de eternidade e paz suprema e que estão afastados e remotos de tudo o que se passa conosco" (*DRN*, 2, 646-51). Menciona, ainda, "ser impossível acreditar que as sagradas mansões dos deuses estejam postas em qualquer parte do mundo. Efetivamente, é muito sutil a natureza dos deuses e muito afastada de nossos sentidos: até difícil de perceber com o espírito; ora, como foge ao contato e ao toque das mãos, também não pode tocar nada daquilo que para nós é tátil. De fato, aquilo que em si próprio não pode ser tocado tampouco pode tocar. Por isso, as mansões deles devem ser diferentes das nossas casas e delicadas como seu corpo" (*DRN*, 5, 146-55). Enfim, os deuses residem em "mansões tranquilas que nem os ventos abalam, nem as nuvens regam com suas chuvas, nem a neve branca reunida pelo frio agudo profana, e que um límpido céu sempre protege e sempre riem na luz largamente difundida" (*DRN*, 3, 18-22).

Dessas passagens infere-se o espaço entre os mundos — *metakósmia* ou *intermundia* —, imune às intempéries deste mundo e de onde proviriam "os simulacros emanados de seu corpo sagrado e que são para as mentes dos homens os mensageiros da beleza divina" (*DRN*, 4, 68-79).

De qualquer maneira, há evidências de que Epicuro respeitava os ritos religiosos oficiais. Seria apenas uma tática para evitar o risco de perseguição? Parece que não: as cerimônias e a devoção apaziguada do divino talvez desempenhem um papel importante na interação e na união dos amigos que convivem no Jardim.

[§124 a 127] Este bloco expõe e apresenta a justificação canônica da segunda divisa do epicurismo — *a morte não nos alcança*, ou seja, não está sujeita à nossa sensação: não é algo que se possa perceber e nos causar nenhum tipo de afecção. E deve ser apreciado, sobretudo, junto à segunda Máxima principal: "A morte nada é para nós, pois aquele que está decomposto nada sente, e o que não é perceptível nada é para nós" (DL, 10, 139).

Um tratamento bastante detalhado desse lema também é apresentado por Lucrécio em *De rerum natura*, 3, cujo objetivo geral é justamente dissipar o medo da morte e, por isso, tem como objeto de investigação a natureza do espírito [*animus*] e da alma [*anima*] — distinção, aliás, que não é encontrada no próprio Epicuro. Na última e terceira seção do terceiro Canto, depois de tratar da natureza da alma (94-416) e de apresentar, em seguida, provas de sua mortalidade (417-829), Lucrécio, por fim, expõe os absurdos envolvidos no temor da morte (830-194).

Em poucas palavras, Epicuro sustenta que nada há a temer no fato de não estar vivo, pois a não vida é um estado de total insensibilidade: os mortos nada são e a vida terrena é tudo. A morte é a ausência de sensação e a sensação é o critério verdadeiro e incontestável de nossa existência pessoal. Nunca somos "contemporâneos" de nossa própria morte: enquanto vivemos, por óbvio não temos a experiência da morte, e, quando de fato ela se apresenta, já não se apresenta para nós como pessoa dotada de sensibilidade; portanto não é de todo algo experimentável por nós. Dito de outro modo, a personalidade individual — o self — existe só e somente na interação da alma e do corpo. A morte é o término dessa interação, de sorte que o fim da personalidade individual é evento concomitante à morte. O corolário moral da doutrina é claro: a pessoa não deve deixar que o medo da morte arruíne sua vida.

É claro que a concepção da morte como completa extinção do self, e de que por isso mesmo não faz sentido temê-la, liga-se diretamente à tese de que a alma perece na dissolução do corpo, pois é algo de natureza física e atômica tanto quanto ele, daí a alma não ser imortal. São infundados, portanto, temores como o de não receber um sepultamento religioso, de castigos espirituais post mortem, ou qualquer tipo de padecimento do corpo em decomposição, no ritual da cremação e, no pior dos casos, ao ser destroçado por presas.

O argumento de Epicuro para *a natureza corporal da alma* encontra-se na "Carta a Heródoto" (§67), e estas são suas linhas gerais: nada existe além de corpos (átomos e compostos de átomos) e vazio; o vazio nem pode atuar (sobre corpos), nem sofrer algo (da parte dos corpos): apenas o corpo pode ter papel causal; ora, a alma pode atuar e sofrer (a alma move o corpo e é afetada pelo que ocorre nele);

logo, é corpo (e não vazio). A ideia, em outras palavras, é esta: a alma (de natureza corporal) é o que dá vida ao corpo e aquilo precisamente de que carece um cadáver. Ora, o corpo morto conserva a mesma forma e o mesmo peso de quando estava vivo, e isso faz crer que alma não tem peso nem forma própria: deve ser composta de átomos maximamente sutis, retidos pelo corpo que os contém enquanto estiver vivo e que se dispersam no exato instante da morte. A rapidez e a agilidade reveladas na vitalidade das operações psíquicas — como pensamento e decisão — sugerem que a alma se dissipa velozmente no espaço.

Um tema correlato à irracionalidade do temor à morte é aquele das ilusões relativas a eventuais vantagens de cunho hedonista que levam ao desejo obstinado de prolongar a vida — o lamento pelas coisas prazerosas que ficariam para trás — ou, pelo contrário, as crenças pessimistas que levam ao desdém pela vida terrena e colocam tudo o que interessa exclusivamente no porvir. Esses aspectos são examinados por Epicuro nas Máximas principais 19, 20 e 21. De qualquer forma, uma vida cheia de angústias e ansiedades infundadas pelo futuro mina de todo o bem-estar, e a má qualidade desse tipo de existência eliminaria por si só qualquer vantagem do ganho quantitativo. Contudo, o apego desmedido à vida, segundo ele, deve-se à falsa opinião de que, quanto mais vivermos, maiores também serão o prazer obtido e a felicidade alcançada. O argumento do epicurismo (bastante discutível e contraintuitivo) tem este feitio: um tempo finito é tão prazeroso quanto seria um tempo infinito para quem, como o sábio, viver uma vida feliz e completa, realizando plenamente sua natureza humana ao alcançar a *ataraxia*. O sábio desfruta o prazer estável dos desejos naturais atendidos e, no dia a dia, a qualidade desse modo de viver não seria intensificada em nada com o acréscimo no tempo de vida. Sem dúvida, a prolongação de um bem é preferível à sua interrupção — e é precisamente por isso também que não se deve buscar voluntariamente a morte. Daí o fechamento das considerações sobre a morte com uma distinção crucial do epicurismo. Do futuro, um tanto será fruto inescapável da necessidade — que a vida culmine em morte, por exemplo —, e outro tanto advirá de contingências e do acaso — sofrer um acidente e perder a vida. Mas há, sem dúvida, aquilo que está em nossas mãos e é fruto de nossas decisões e escolhas — seguir o mestre e cultivar o destemor pela morte —, e, sem isso, a doutrina de Epicuro seria completo contrassenso. O tópico é essencial na oposição de Epicuro ao determinismo de Demócrito e será analisado no detalhe na nota aos §133-5.

[§127 a 132] O bloco, em poucas palavras, sugere que a compreensão exata da natureza humana pode guiar uma simplificação da vida e tornar a felicidade alcançável e de fácil conservação, pelo simples fato de diminuir exigências. Esse conglomerado de temas coordenados entre si deve ser apreciado junto à terceira e à quarta Máximas principais: "O limite de magnitude dos prazeres é a supressão de todo sofrimento. Onde estiver o satisfeito e de acordo com o tempo que assim for, não há dor nem tormento, tampouco os dois juntos"; "A dor na carne não dura continuamente: a extrema permanece um tempo curto e a que excede por pouco o prazer do corpo não dura muitos dias; as doenças crônicas, por sua vez, convivem com um prazer que supera a dor da carne".

As duas Máximas, como nos casos anteriores, apresentam razões para os dois lemas finais do *tetrapharmakon*. Por um lado, *o bem é fácil de alcançar*, pois consiste basicamente no atendimento de carências naturais e na extinção do sofrimento elementar causado por fome e sede: ao recuperar o pleno funcionamento, o corpo alcança um estado ótimo que não admite ser aumentado, mas conhece apenas variações. A Máxima principal 18 reafirma esse ponto, com uma nota a mais: os temores psíquicos, por outro lado, não são extirpados de uma só vez, mas requerem meditação constante.

Por sua vez, *a dor é suportável*: há um limite natural para os diversos graus de sofrimento físico. A dor física extrema é fulminante (ou mata, ou deixa inconsciente); a dor causada por afecção aguda não dura muito tempo (ou se intensifica a ponto de ser letal, ou pouco a pouco se atenua, dando passagem ao prazer que cresce gradualmente). As dores crônicas e com as quais se convive são inferiores ao prazer com o qual coexistem. Epicuro não postula nenhum estado neutro entre prazer e dor e, em geral, concebe-os como contraditórios mutuamente excludentes. Porém, as Máximas 3 e 4 dão a entender que as coisas não se passam de maneira tão simples: tanto a dor física coexiste com o prazer mental como uma parte do corpo pode doer e outras não. Em suma, há proporções e coexistência entre prazer e dor.

Nos § *127 e 128*, uma *classificação dos desejos* é apresentada (e Máxima 29):

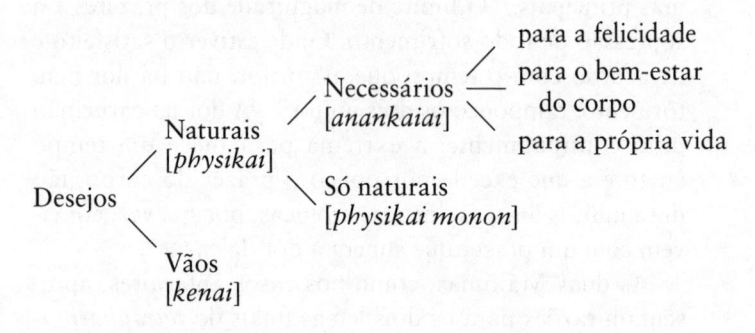

```
                                        ┌─ para a felicidade
                         Necessários ───┼─ para o bem-estar
                      ╱  [anankaiai]    │     do corpo
           Naturais ╱                   └─ para a própria vida
          ╱ [physikai]
Desejos                  Só naturais
          ╲              [physikai monon]
           Vãos
           [kenai]
```

Para todo e qualquer ser vivo, a meta dada pela natureza é atender as carências físicas essenciais. A ideia está claramente expressa na Máxima principal 25.

O desejo natural necessário para a própria vida é aquele sem cuja satisfação nem seria possível viver. As perdas atômicas de um organismo vivo precisam ser naturalmente compensadas e manifestam-se como fome e sede, critérios inequívocos para guiar nossa conduta em direção à própria sobrevivência. Um desejo natural para o bem-estar do corpo é, por sua vez, aquele como o de proteger-se do frio e das demais intempéries do tempo.

O desejo natural e necessário para a felicidade está apenas subentendido. Talvez seja, por exemplo, algo como o impulso inato para ter uma relação satisfatória consigo mesmo (intrapessoal) e com outras pessoas (interpessoal). Daquele tipo seria um desejo natural de livrar-se dos tormentos psíquicos — sinal de uma inclinação imediata ao tipo de filosofia que o epicurismo advoga — e deste, o desejo da amizade [*philia*], já que a felicidade humana de algum modo é alcançada na vida em comum.

O desejo apenas natural (mas não necessário) consiste, por exemplo, no apetite sexual e na inclinação inata do ser humano ao prazer que nos dá a beleza em geral. O desejo sexual liga-se não a uma perda, mas a um excedente de átomos (*DRN*, 2, 437); e sua satisfação não é uma condição necessária para a sobrevivência do indivíduo (e sim para a da espécie). Diz respeito à sabedoria prática [*phronesis*], à medida que se transforma, no mais das vezes, em paixão amorosa com enorme potencial de vir a ser um tormento para a alma. Há material abundante em Lucrécio sobre esse ponto: a falta do ser amado provoca sofrimento e dependência; a paixão ilude, provoca fantasias insaciáveis e descuido pela própria vida (*DRN*, 2, 1060-149). Por fim, a paixão erótica faz com que o par amoroso baste a si mesmo, retirando-se do convívio e pondo em segundo plano a amizade, virtude muito valorizada no Jardim.

Sobre a aspiração de beleza, Epicuro nada diz diretamente, mas o fato de Lucrécio ter exposto a doutrina em versos dá a entender, por si só, que nada havia de condenável na própria arte, apenas nos mitos (quando fonte direta do temor irracional aos deuses). Por certo, qualquer ambição de reconhecimento ou anseio de perfeição pode fazer do artista alguém que se desvia do ideal de vida pregado pelo epicurismo.

De qualquer maneira, a falta de limites em todo e qualquer desejo natural, seja do tipo que for, é alvo inequívoco de desaprovação e entra na categoria de desejos vãos. A exigência de certo tipo de alimento, o hábito do exagero — e as demais variações supérfluas na satisfação da carência natural —, nada disso acrescenta prazer, apenas diminui a liberdade e pode levar o desejo ao infinito.

As Máximas principais 26 e 30 abordam, em geral, os desejos originados em opiniões vazias. Dessa categoria são também aqueles inteiramente fundados em anseios vãos e sem nenhuma limitação natural, já que as opiniões são relativas e fundadas nas mais diversas circunstâncias, que são infinitas. Desse tipo, os mais comuns são a busca por riqueza, poder, glória e a aspiração pela imortalidade.

Depois de expor sua teoria dos desejos, ainda no §128, Epicuro afirma que nela encontram fundamento toda *escolha e recusa* do ser humano em vista da saúde do corpo [*tên tou sômatos hygieian*] e da tranquilidade da alma [*ataraxia*], fatores essenciais de uma vida bem-aventurada. Nesses termos, ele parece sugerir que a causa primária de temores da alma seriam apreensões ligadas ao sofrimento do corpo — falta de alimento e água, falta de proteção e abrigo, tanto no presente como no futuro.

Porém, ainda que o bem-estar da alma dependa do corpo e o sofrimento físico possa ser inevitável, o fator psicológico será o mais relevante no cômputo final do prazer. Pois quem padece de efetiva dor sempre poderá relembrar e/ou antecipar prazeres passados e/ou futuros — e isso dá à alma um grande poder em vista do bem viver. De qualquer maneira, alcançado o estado de satisfação material de uma falta física, experimenta-se um sentimento agradável, uma espécie de qualidade emergente do equilíbrio orgânico recuperado. Na verdade, Epicuro distingue nisso dois prazeres (essencialmente conectados): cinético é o prazer advindo pelo próprio estímulo da restituição de uma carência, que nos conduz a outro prazer, este estático como uma condição restituída (prazer catastemático ou constitutivo). O primeiro é episódico e dá satisfação momentânea; o segundo é estável (como a fruição homogênea do aprazível) e condição permanente da vida sem perturbação.

Qualquer padecimento físico é uma experiência efetiva elementar do ser vivo, por isso a dor é o mal mais básico. No §129, a sensação por fim é apontada como o critério indubitável que nos revela de imediato ser o prazer um bem primário e conatural [*prôton kai syggenikon*], com o qual nascemos e com o qual convivemos. E para as escolhas, sendo o mérito do prazer algo evidente por si mesmo — assim como o frio da neve é autoevidente —, a busca pelo agradável pode ser tomada como universalmente óbvia, não havendo sequer a necessidade de um argumento para prová-lo. O fundamento está dado na Canônica.

Nem por isso o desfrute momentâneo do agradável será algo de feitio epicurista. Pois vive-se tendo em vista uma vida completa e de forma a assegurar o maior prazer no escopo da existência por inteiro. Portanto, como Epicuro afirma no §130, ainda que em termos absolutos o prazer sempre seja o alvo apropriado, a dor será por vezes instrumentalmente preferível, embora sempre em vista do prazer. De fato, em nome do prazer, coisas agradáveis podem ser preteridas ou, inversamente, coisas desagradáveis escolhidas. O cálculo hedonista, para os antigos, é *o papel da prudência*: a ponderação sensata de que o imediatamente bom poderá trazer depois sofrimento (a comida excessiva que causa indigestão) e, do mesmo modo, o momentaneamente ruim poderá resultar em maior bem-estar futuro (o remédio amargo que cura). As Máximas principais 8 e 9 corroboram esses pontos da doutrina.

Epicuro prossegue com outro exemplo (paradoxal) do tipo de hedonismo que preconiza: o comedimento prudente em nome do prazer. Acostumar-se com a vida frugal, diz ele no §131, é sábio, saudável, além de duplamente vantajoso: simplifica os meios de sobrevivência e prepara para a fruição de prazeres requintados ocasionais, sem se deixar escravizar pelo desejo de opulência. É o que ele preconiza em nome da *autossuficiência* [*autarkeian*]. Afinal, o puro ascetismo não seria condizente com o nosso impulso natural para o prazer, que nada tem em si mesmo de errado, como sustenta a Máxima principal 10. Mas a vida se torna doce, contudo, para quem reflete com sobriedade acerca da motivação de suas escolhas e acerca das causas de seus temores. Essa é a conclusão a que se chega no §132. As virtudes, no entanto, não têm valor, a menos que estejam a serviço do prazer. E, dentre elas, a prudência se destaca. É o que Epicuro repete na Máxima principal 5: "É impossível viver prazerosamente sem viver de modo prudente, nobre e justo, tampouco de modo prudente, nobre e justo sem viver prazerosamente. Para quem não tiver meios de viver de modo prudente, bem como nobre e justo, não há como viver prazerosamente".

[§133 a 135] Este bloco, fechamento da "Carta a Meneceu", traz o perfil do sábio epicurista por dois aspectos. Primeiro, Epicuro diz o que é compatível com o sujeito que atingiu o estado de *ataraxia*, resultado do quádruplo remédio: é reverente (mas não temente) a deus; reconhece o prazer como aquilo que se busca por natureza e, ao mesmo tempo, sabe estarem os bens dentro de limites facilmente alcançáveis e os males, dentro de limites suportáveis (quanto à duração e à intensidade). Em seguida, Epicuro aborda e examina aquilo que é incompatível com o sábio: a *crença no destino* [*heimarmenén*].

Nessa passagem, está em jogo uma distinção entre "destino" — ideia que ele recusa por completo — e "necessidade" [*anagké*]. Epicuro rejeita definitivamente a noção de destino — a crença de que os eventos e decorrências em nossa vida pessoal seguem um rumo que independe de nós. Nos fragmentos A e B do tratado *Da natureza*, 25, um novo aspecto será contemplado para combater a crença no destino: somos a causa de nosso próprio desenvolvimento pessoal. Nascemos, de fato, com dada constituição congênita — que não se submete a nós —, entretanto somos responsáveis pelo desenvolvimento de nossas predisposições psíquicas, ou seja, somos a causa daquilo que fazemos de nosso potencial inicial.

A crítica aqui é ao determinismo, por certo. Mas de qual tipo? Causal: os princípios físicos e estados passados determinam exatamente o futuro? (*DRN*, 2, 252-ss.) Epistêmico: algum agente conhece tudo aquilo que vai ocorrer? Lógico: toda proposição é V ou F, inclusive aquela sobre o que ocorrerá no futuro? (Aristóteles, *De Int.*, IX.) (Ver Tim O'Keefe, *Epicurus on Freedom*, capítulo 1.)

O melhor candidato parece ser o primeiro. E ainda: quem seria o alvo efetivo? Não são os estoicos de seus dias. Estes, ainda que falassem abertamente em destino, viam a possibilidade de resistir a ele (ou de a ele submeter-se). Talvez partidários tardios do atomismo de Demócrito (ou um discípulo do próprio Epicuro), que levaram a noção de necessidade absoluta, entendida como o entrechoque da matéria atômica, ao extremo: causa inescapável de tudo e de todo o devir, força do destino. Epicuro afirma ser melhor optar pelo mito que acreditar na fatalidade do destino: deuses ao menos podem ser persuadidos ou dissuadidos por rituais e sacrifícios (na crença irracional de influir sobre a providência); mas o destino fatal, por sua vez, faz do sujeito o escravo absoluto de uma sina. No destino não há lugar e papel para o acaso [*tykhé*] — mera ilusão do ser humano.

Epicuro distingue três aspectos: *necessidade, acaso* e o *agente humano*. O acaso, que tem particular relevância no epicurismo, é também o tema da Máxima principal 16. Desse trio e nessa passagem, o acaso tem igualmente maior protagonismo. É uma causa eficaz, no entanto não deve ser tomada por um agente divino (e não é compatível com culto).

De fato, há aquilo que vai necessariamente ocorrer (necessidade é um fator incoercível: não pode ser "persuadido a mudar"). Mas há também, e sem dúvida, o que ocorre por acaso e que dá início inegável a benefícios ou malefícios para as pessoas. "Sorte", "fortuna", não importa como se queira chamar: há algo que confere vantagens e desvantagens relativas (e não por mérito). E esse é um fator inconstante, variável e desorganizado — tal como chuvas favoráveis à colheita ou estiagens letais aos brotos. Trata-se de um aspecto imponderável: o acaso distribui quinhões aleatórios entre as pessoas — o fenômeno da fortuna ou da desfortuna. Porém, não cabe tratar isso em termos de injustiça ou justiça, pois essa é uma ideia exclusiva à noção de contrato.

Epicuro parece recomendar, contudo, que o sujeito não se fie demasiado na sorte: ser favorecido pela boa fortuna obviamente é bom e contribui para a felicidade; mas agir naquilo que pode para racionalmente atingir o viver bem, isso é o mais inteligente a fazer. Daí a importância cabal do que está em nossas mãos e depende de nós [*par'hémôn*], com o corolário da atribuição de responsabilidade (moral): quem age pode responder pelo que faz (sua ação é compatível com elogio ou reprimenda). Em suma, Epicuro menciona os fatores envolvidos no desenrolar dos acontecimentos e aponta que entre eles há aquilo que está em nossas mãos.

O acaso, aliás, remonta à origem de tudo — no desvio imprevisível do átomo —, ainda que nada disso venha à tona nesta conclusão da "Carta a Meneceu", cuja nota final se tornou célebre: seguindo o epicurismo, "viverás como um deus entre os homens".

Sumário*

§35/38 — Preâmbulo:
1. Objetivos: para o discípulo iniciante, memorizar o mais importante e servir-se disso quando necessário; para o avançado, reter o esquema do conjunto e não se perder nos pormenores; para o já formado, dispor de fórmulas curtas e ágeis.
2. Método: duas regras apresentadas. A primeira fundamenta a investigação: captar a noção evocada por um som vocalizado. A segunda permite o conhecimento: apoiar inferências em critérios de verdade.

§38/44 — *A visão sinóptica sobre o que é não evidente* [adêla]:
1. [38/39] Princípios de conservação do todo: nada é gerado do não ser, nada é destruído no não ser; o todo sempre foi tal como é agora.
2. [39/41] Princípios da constituição do todo: o todo consiste em corpos e vazio; além deles, nada pode ser concebido; dentre os corpos, há os compostos e há átomos (indivisíveis e imutáveis).
3. [41/44] O todo — ilimitado e eterno: o todo é ilimitado na quantidade de corpos e na extensão do vazio; a variação de formato dos átomos não é infinita, mas inconcebível; os átomos estão continuamente em movimento; no entrechoque de átomos, os compostos são formados e, no agregado, os átomos preservam sua vibração; conclusão preliminar.
4. [45] A infinidade de mundos.

§46/77 — O estudo de temas particulares:

---

* Este sumário segue basicamente o *Plano da Carta a Heródoto*, elaborado pelo professor Francis Wolff para o programa de Agrégation (2014) da École Normale Supérieure, Paris.

1. [46/54] *A percepção sensível:* os simulacros — existência, movimento, forma e formação; a visão e o pensamento; como é possível o erro; outros sentidos — audição e olfato.

2. [54/62] *Os corpos simples — propriedades e movimentos dos átomos:* peso, grandeza e forma; a constituição em partes mínimas; o alto e o baixo no Universo; movimento dos átomos e dos compostos no vazio.

3. [63/68] *Os corpos compostos — a alma corpórea no composto perceptivo:* sua natureza; princípio de sensação; a alma como inseparável do corpo.

4. [68/73] *Características gerais dos compostos:* atributos e acidentes; o tempo.

5. [73/76] *Geração e evolução natural:* a formação dos mundos e dos seres vivos; o advento da civilização.

§76/83 — *Conclusão:* fenômenos celestes; tarefa e finalidade do estudo da natureza; crítica à teologia astral; estudo dos fenômenos celestes e explicações múltiplas; a maior perturbação da alma e seu remédio — o conhecimento da natureza segundo os critérios; a eficácia da carta.

Comentário geral

A "Carta a Heródoto" é dirigida a discípulos que já conhecem em alguma medida as doutrinas do mestre, ainda que possa ajudar um iniciante. Trata-se de uma reunião de resumos, por assim dizer, não como simplificações, mas no sentido de concentrados de saber a que cada um pode recorrer de acordo com sua necessidade. Isso pode ser deduzido do próprio feitio da epístola: uso de vocabulário técnico, frases longas e certa descontinuidade no conjunto. Esse traço revela-se ainda à luz da forma clara e polida que Epicuro conferiu à "Carta a Meneceu", redigida por certo a um público mais amplo. Por tudo isso, esta é também aquela de tradução mais complicada. Epicuro apresenta sua filosofia no que diz respeito ao estudo da natureza [*physiologia*], tendo em vista a vida prática; pois o conhecimento tem função operatória — deve servir a quem o possui para ajudar-se em ocasiões determinadas, ou seja, confere recursos para decidir por si mesmo a respeito de questões do mundo natural com o objetivo de descartar a angústia psíquica. Por isso, não se trata de uma ciência física com finalidade estritamente teórica. E é sempre nesse sentido que se deve entender a ideia de teoria no pensamento de Epicuro. A natureza inclui os fenômenos percebidos pelos sentidos tanto quanto os fundamentos não evidentes aos quais esses fatos remontam. E a carta de fato tem uma parte, por assim dizer, axiomática [§38/45], em que os princípios são expostos, e outra parte aplicada [§46/77], na qual aspectos particulares da doutrina são apresentados. Não se trata, contudo, de um trabalho dedutivo, apenas uma ordem de exposição. O andamento é balanceado entre sua concepção física da realidade e as bases canônicas, que se apoiam mutuamente.

Notas

[§35/38] Nos dois primeiros parágrafos do *Preâmbulo* [35/36], Epicuro aponta a importância de memorizar a doutrina, com o que justifica a utilidade do breviário [*epitômên*] para três níveis de discípulos. Para o iniciante, que por alguma razão não conhece o conjunto de sua obra, nem o tratado *Peri physeôs* (em 37 livros), um resumo dos pontos mais importantes da filosofia poderá ajudar em ocasiões oportunas. Para o discípulo mais avançado, a ajuda seria no sentido de que ele não se perdesse nos detalhes: a visão de conjunto reduzida aos pontos básicos permitirá justamente o domínio coerente do pormenor. Para aquele cuja formação está completa, fórmulas breves ajudarão a acessar com agilidade o conjunto do saber. Em suma, o resumo dos pontos fundamentais da doutrina é útil a todos; e quem colocar em prática o modo de ver a natureza ali proposto colherá a serenidade da vida [*eggalênizon tôi biôi*]. A expressão sugere o tipo de calma advinda ao mar turbulento por causa de uma tempestade: a alma de quem adota o epicurismo poderá vencer a agitação e as inquietações provocadas por desejos vãos e temores infundados e alcançar então o equilíbrio.

Em seguida [*37/38*], Epicuro aborda aspectos da Canônica — parte de sua filosofia que estabelece os critérios de verdade e procedimentos para toda e qualquer investigação. Os dois *preceitos metodológicos* apresentados estão relacionados ao conhecimento daquilo que não é evidente pelos sentidos — os átomos e o Universo, dois tipos de objeto (micro e macro) que escapam à observação direta e que, em seguida, abrem propriamente a exposição da doutrina. O primeiro diz respeito à linguagem: todo som articulado deve corresponder de imediato a uma imagem — algo não proposicional, que simplesmente aparece [*phainomenon*]. É a "regra de controle das significações", segundo A. Gigandet (ver "O conhecimento: princípios e método", p. 111). Diógenes Laércio (10, 33, 4-7) sugere que toda palavra se associa e é como que um símbolo da prenoção [*prolêpsis*], mas não está clara a razão de Epicuro não se expressar assim, embora seja provável que evite o termo mais técnico por ligá-lo em particular à operação que internaliza um esquema procedente da estocagem de repetidas percepções, o que não é o caso aqui, pois o que será abordado em seguida são naturezas que se furtam aos sentidos. Devem estar em jogo então noções [*epinoiai*] formadas de outras maneiras — analogia, semelhança ou composição (DL, 10, 32.10-2).

De qualquer modo, trata-se de assegurar ao processo de conhecimento pontos de partida que evitem uma regressão ao infinito, e sem nenhuma preliminar discursiva.

Daí também a recusa por Epicuro da dialética, no sentido de um acordo prévio sobre a definição: nada há de mais claro que o próprio nome. Seja como for, fica estabelecida a estreita ligação entre símbolos/signos, noções e linguagem: as palavras servem para conservar o que chamaríamos de conceitos primitivos das coisas, sem as quais não há discurso, comunicação ou pensamento.

O segundo preceito é um complemento do primeiro. De fato, Epicuro generaliza para além da percepção sensível a procedência dos termos iniciais requeridos por toda e qualquer investigação. E o apresenta em uma frase difícil, envolvendo diversos termos técnicos e um verbo [*semeiosometha*] para expressar o tipo de procedimento que leva da evidência presente a objetos e propriedades não aparentes. Estes incluem o que não pode ser atestado por experiência direta, seja por estar provisoriamente subtraído da verificação [*prosmenon*], seja por ser absolutamente não evidente [*adelon*] — em outras palavras, o não evidente acidental e o não evidente em si.

Trata-se de um modo de raciocínio para dar conta deste paradoxo do epicurismo: o critério de verdade tem raiz na evidência sensível (aspecto empirista da doutrina), mas a ciência diz respeito a realidades que não podem ser atestadas dessa maneira (dado o caráter atomista de sua concepção da natureza). O objetivo do procedimento, em suma, é revelar o não evidente a partir do evidente. Filodemo de Gadara (século I a.C.) abordou esse tópico no tratado *Dos fenômenos e das inferências* [*Peri fainomenôn kai semeiôseôn*], daí os comentadores se referirem ao preceito como *semeiôsis*: inferência fundamentada em sinais (signos) ou, ainda (com certo anacronismo), inferência semiótica.

Epicuro enuncia de saída o fundamento de sua teoria do conhecimento: toda e qualquer investigação deve ser controlada por sensações, primeiro critério de verdade. A sensação é uma *impressão* física, que nos afeta como uma *apresentação* genuína (em nós) do corpo percebido e sua imediata *apreensão* [*epibolê*] (por nós), antes de qualquer juízo ou opinião. Nessa passagem, Epicuro amplia o escopo de apreensões (presentes) do pensamento para além das que têm origem diretamente dos sentidos: há esquemas que não provêm da percepção e são captados diretamente pelo pensamento, dada a sutileza física do objeto (por exemplo, os deuses); há ainda aqueles sobre os quais se detém por um ato de atenção (por exemplo, os conceitos da ciência) em vista de verificá-los em referência ao percebido. Por fim, são mencionadas as afecções de prazer e de dor, que acompanham e estão no mesmo nível das sensações.

[§38/39] *Princípios de conservação do todo.* A visão sinóptica que ocupa a primeira parte da "Carta", como foi dito, trata do que é não evidente [*adêla*] por escapar da observação direta — o Universo e os constituintes básicos ou termos iniciais de que o estudo da natureza deve partir. Epicuro enuncia primeiro três axiomas — princípios gerais de conservação do todo, com suas respectivas provas: (1) nada é gerado do não ser, (2) nada é destruído no não ser e, com base nos dois anteriores, (3) o todo sempre foi como é agora.

O todo [*to pan*] é a soma total de tudo, a inteira infinidade de corpos e de espaço vazio, como será afirmado em seguida; daí algumas traduções adotarem o termo "universo". Epicuro distingue *to pan* de *kosmos* ("mundo", no sentido de uma porção circunscrita e recortada daquele todo). Na Antiguidade, encontramos dois modos de estabelecer a relação entre essas duas noções. Para Platão, Aristóteles e os estoicos, *to pan* e *kosmos* se identificam: o Universo é este nosso mundo, finito e único. Na visão de Epicuro (já esboçada por Leucipo e Demócrito), não há essa coincidência: o Universo é infinito e múltiplo; e o nosso mundo é um cosmo dentre outros, que contém a Terra, as estrelas, os demais corpos celestes e todas as outras coisas visíveis.

Parece conveniente manter a expressão genérica "o todo" para *to pan*, pois, na acepção moderna de senso comum, "universo" é um sistema organizado que envolve eventualmente um poder criador — e isso está rigorosamente fora do horizonte do epicurismo. Vale lembrar também que, na Antiguidade, a cosmologia fazia parte do estudo da natureza, mas a astronomia, em geral, era um ramo da matemática, com abordagens essencialmente distintas (ao passo que, hoje em dia, a cosmologia pode ser objeto de estudo de astrônomos e astrofísicos).

Em relação ao axioma (1), Epicuro segue a tradição de Demócrito (de Empédocles, Anaxágoras e eleatas também) e estabelece este argumento: se o ser pudesse ser gerado a partir do não ser (como em uma criação espontânea), então (em anarquia generalizada), tudo poderia ser gerado de tudo. Ora, a experiência confirma [*epimartirêsis*] que há regularidades constantes no processo de geração; logo, faz sentido afirmar que tudo é gerado de sementes apropriadas. Duas ideias importantes estão subentendidas aqui: em geral, a soma total de matéria é constante e, em particular, cada objeto material tem uma causa material. Em (2), temos um princípio complementar: se tudo o que deixa de existir (em sua forma percebida) passasse efetivamente ao não ser absoluto, então a soma dos objetos naturais já teria desaparecido há muito tempo. Em (3), o princípio geral da imutabilidade do todo é enunciado, mas o argumento que o apoia revela certa ambiguidade: trata-se de mudança espacial ou mudança de qualidade? Por certo, a própria noção de "todo" exclui por completo um lugar exterior para o qual pudesse se deslocar e de onde algo procedesse para mudá-lo. A mudança em pauta, então, deve ser interna ao todo, no sentido de um mero rearranjo das partes componentes. Mas a chave para interpretar essa passagem será dada pelo que se segue — que trata dos constituintes do Universo — e disso se pode concluir que a imutabilidade diz respeito à constância de seus ingredientes (um sentido mais condizente, aliás, com a expressão "o todo"). Os dois primeiros tópicos são elaborados por Lucrécio em *DRN*, 1, 159-73 e 225-37; o terceiro, em livro 2, 303-6.

[§39/41] *Princípios da constituição do todo.* Nesta passagem da "Carta", encontra-se o comentário <*escólio*> provavelmente do próprio Diógenes Laércio: <*e isto ele ainda diz desde o início do Grande Epítome e no livro I do tratado Da natureza*>. Há também uma adição ao texto <corpos e vazio [*sômata kai kenon*]>, que adoto como a maioria dos tradutores, apoiada no *§86* da "Carta a Pítocles".

Em seguida são enunciados os princípios gerais da constituição da realidade e os argumentos que os apoiam: (1) o todo consiste em corpos e vazio; fora isso, nada existe por si; (2) dentre os corpos, há os compostos e há átomos (indivisíveis e imutáveis).

Em relação a (1), e no que concerne aos corpos [*sômata*], com base em dados da percepção, pode-se fazer uma inferência — conjectura sobre o que não é evidente via raciocínio calcado em um critério de verdade (tal como sugerido acima, no *§38*) —: os sentidos atestam regularmente que existem coisas em movimento (no limite, bastaria lançar uma pedra ao alto para estabelecer a prova pela experiência); dessa observação segue-se trivialmente que corpos (compostos) existem.

Estabelecer a existência do vazio [*kenon*], por sua vez, requer um argumento que poderia ser apresentado nesta forma (que não é empregada por Epicuro): se há movimento, então há vazio; ora, há movimento; logo, há vazio. Mas essa reconstrução lógica não é a de Epicuro, que não valorizava a lógica em si. De novo, a inferência tem base na mesma experiência corriqueira: coisas em movimento são vistas. Em outras palavras, se o todo fosse pleno (e o Universo de todo cheio, sem nenhum espaço livre), não haveria lugar desocupado para onde os corpos pudessem ir e, portanto, nada se moveria em absoluto. Aliás, ser "impenetrável" é justamente o que faz o corpo ser o tipo de coisa que é — algo que se opõe e no qual outra coisa não consegue entrar —; e se houver nele vazios, então outro corpo em movimento pode penetrá-lo. A mesma ideia encontra-se em *DRN*, 1, 329-45.

"Vazio", "espaço" [*khôra*] e "lugar" [*topos*] são termos sinônimos para a "natureza intangível" [*anafes physis*] — propriedade de não ter resistência e de não poder ser tocada —: "vazio" emprega-se quando está desocupada; "lugar", quando ocupada; e "espaço", nas ocasiões em que um corpo em movimento passa por ela. As distinções são usadas com certo descuido por Epicuro em outras ocorrências. Mas, nessa passagem, a locução "natureza intangível" enfatiza de caso pensado e por meio de atributos essenciais — tangibilidade e intangibilidade — que corpo e vazio formam um par de opostos tanto contraditórios como mutuamente exaustivos (mesmo que um corpo seja coextensivo ao espaço ocupado); e, se há variação na designação do vazio, há constância em sua propriedade fundamental; portanto, ele atende ao requisito de item básico permanente.

Epicuro afirma ainda que nada de tão fundamental e de tamanha generalidade pode ser concebido diretamente pelo pensamento (ou por analogia) além dessas duas naturezas. E, para dar conta da evidência mais elementar aos sentidos (que há corpos em movimento), de fato, essas duas "naturezas completas" [*holê physis*] bastam. Apenas corpos e vazios existem por si, sem depender de nenhum outro item, e por isso são ontologicamente primeiros. Tudo o mais será uma propriedade acidental ou permanente deles — e esse tópico será desenvolvido adiante [§68/73].

Por fim, é enunciada a diferença entre os corpos — uns são compostos e os outros são aquilo de que esses se compõem —, acompanhada de novo escólio <*e isto tam-*

bém consta nos livros *15* e *16* do tratado Da natureza e no Grande epítome>. Os componentes são átomos — natureza "insecável e imutável" [*atoma kai ametablêta*], princípios de todas as coisas. O raciocínio, mais uma vez, é inferencial: o processo de decomposição e divisão de tudo o que é macroscópico precisa chegar a um termo (a partículas indivisíveis); do contrário ocorreria a dissolução do ser no não ser (algo que o axioma 2 havia negado). Contudo, pareceria razoável conceber uma série de divisão infinitesimal, com partes cada vez menores de matéria, sem levar necessariamente ao aniquilamento do corpo; mas deve estar em jogo aqui a aversão grega por todo tipo de regressão ao infinito. O tópico é elaborado por Lucrécio em *DRN*, 1, 551-64 e 526-39. Seja como for, a passagem mostra bem que, no epicurismo, a categoria fundamental é corpo, e não átomo — "corporalismo" antes que "atomismo".

[§41/44] *O todo — ilimitado e eterno*. Em certo sentido, esta passagem coordena os dois princípios anteriores e desenvolve seus aspectos essenciais. A tese de que o Universo é espacialmente infinito apoia-se neste argumento: tudo que é limitado tem uma borda (extremidade) que é vista em contraste com alguma outra coisa (tal como um "pano de fundo"): havendo limite, haverá necessariamente algo para além da porção limitada pela borda. E, se esse é o caso, então o todo (Universo) não poderá ter uma extremidade, do contrário ocorreria o absurdo de haver algo em adição ao todo (que, por definição, é a absoluta totalidade). Lucrécio apresenta um corolário do argumento em *DRN*, 1, 958-67.

Ademais, sendo o espaço infinito, é preciso haver um número infinito de átomos; pois, se o número de átomos fosse finito, eles se dispersariam pelo espaço vazio e sem limites, e jamais se formariam os corpos compostos que a experiência atesta existirem. Por outro lado, se o vazio fosse limitado e finito, mas os átomos fossem em quantidade ilimitada, não haveria espaço suficiente para que se movimentassem.

Átomos têm algumas propriedades, e Epicuro trata imediatamente das duas principais: formato e movimento. Propõe nesta passagem uma nova e terceira distinção na ordem das quantidades — limitada, ilimitada e "não abrangível pelo pensamento" (em número incalculável, mas não infinito); pois a variação na forma dos átomos é tão grande que o intelecto não dá conta de conceber, embora haja infinitos átomos de cada um desses formatos. Não haveria como resultar a tamanha variedade de corpos compostos que percebemos no mundo, se não estivesse de fato admitida a enorme diversidade de formatação atômica inicial. Epicuro parece querer evitar a possibilidade de formatos de um tamanho perceptível (o que o escólio final confirmaria); daí não ser infinita a variação. Nesta passagem, novo comentário obscuro: <*pois ele diz abaixo que a divisão não calha de ir ao infinito; e acrescenta: "já que as qualidades mudam"*>.

Os átomos são dotados de movimentação que perdura continuamente — e a razão disso, como afirmado adiante, liga-se ao fato de que esse movimento tampouco teve início, se os princípios do todo (átomos e vazio) são eles mesmos ilimitados e eternos.

A exposição é um resumo muito conciso da doutrina e talvez o trecho perdido tratasse das duas causas primárias do movimento atômico: o peso e a declinação [*pareglklesis*], que, contudo, jamais é mencionada em nenhum texto conservado de Epicuro. Há um comentário inserido: <*e diz abaixo que se movem em velocidade igual, pois o vazio oferece de maneira semelhante passagem ao mais leve e ao mais pesado*>. A ideia é de que o átomo se delimita pelo vazio circundante; essa condição precisamente é causa de seu movimento, já que o vazio é de todo incapaz de sustentá-lo. Atendo-se só ao texto de Epicuro — que não menciona peso —, pode se supor que no vazio infinito a direção do movimento seria indefinida, e sua duração, contínua. No entrechoque de átomos, alguns se separam por grandes intervalos de vazio. Outros, fazendo obstáculos entre si mesmos, enroscam-se por seu turno em aglomerados mais densos e, confinados por átomos igualmente emaranhados, conservam uma espécie de vibração. No plano macroscópico, os modos extensivo ou intensivo de moção devem explicar as diferentes densidades dos corpos. Seja como for, o destaque parece ser a afirmação de um movimento interno de átomos nos compostos. O escólio final é este: <*e diz abaixo que os átomos não têm nenhuma qualidade, exceto formato, grandeza e peso; a cor, por sua vez, varia segundo a posição dos átomos, é o que diz em* Doze elementos. *E que não existem de todos os tamanhos: ao menos jamais houve visão de um átomo pela sensação*>.

A conclusão preliminar desta primeira parte da "Carta" é uma espécie de lembrete do valor de um resumo desse tipo; e este breviário muito provavelmente já é um sumário de uma obra perdida de Epicuro — *Grande epítome*, mencionada nos escólios.

[§45] *A infinidade de mundos*. Esta seção que encerra a exposição de princípios é uma espécie de ponte para a segunda parte da "Carta". Por um lado, o tópico de outros mundos para além do nosso inclui-se dentre os itens que escapam à observação direta [*adêla*]; por outro, a investigação propriamente cosmológica é uma dentre outras áreas particulares em que aqueles princípios serão aplicados (os estudos que virão a seguir). A prova para a tese de Epicuro não traz maiores dificuldades e já se anunciava como uma inferência esperada dos postulados anteriores: átomos de formatos incalculáveis e em número ilimitado movendo-se no espaço vazio e infinito são imprescindíveis para dar conta de tudo o que se oferece à nossa percepção sensível. E hão de produzir por certo um número ilimitado de *kosmoi* dos mais variados formatos no Universo [*to pan*] eterno e infinito. Afinal, as condições para a produção de um ou de diversos mundos, de médios ou de macros compostos são exatamente as mesmas.

Nesta passagem, Epicuro refere-se aos átomos de maneira peculiar, o que chamou a atenção dos intérpretes para o papel causal que têm na formação de compostos: os átomos em movimento contínuo são aquilo *a partir do qual* [*eks'ôn*] e *pelo qual* [*yph'ôn*] um mundo seria gerado. Uma das linhas de interpretação é esta: a primeira locução indicaria que átomos são, antes de tudo, causa material e os componentes básicos de que um cosmo é formado, mas não apenas isso; o cuidado de Epicuro em usar, em seguida, a preposição *ypo* com o pronome no genitivo sugeriria que são ainda agentes espontâneos efetivos e motores imediatos desse processo. O *clinamen* (desvio) que Lucrécio menciona poderia inclusive ser o desenvolvimento tardio dessa distinção Nada disso seria uma mera questão de estilo — que de fato não era uma preocupação dele —, mas indício claro de sua concepção sutil da causalidade atômica. Ver P-M. Morel, "Corps et cosmologie dans la physique d'Épicure — 'Lettre à Hérodote' §45".

[§46/77] *O estudo de temas particulares*. Epicuro inicia neste ponto algo bastante diferente: a investigação das propriedades dos corpos que estão no nível de observação acessível aos nossos cinco sentidos. Em outras palavras, tendo tratado de macroestruturas físicas e de microcomponentes — realidades não evidentes [*adêla*] —, agora entram em foco os compostos que circundam o mundo que percebemos. A sensação, fundamento primeiro de sua canônica, abre os trabalhos.

[§46/54] O estudo da *percepção sensível* inicia-se pela visão e de certo modo estenderá o modelo de contato apresentado aqui para os demais sentidos.

A hipótese de emanações [*apostaseis*], eflúvios [*aporroiai*] e *simulacros* [*eidola*] — moldes [*tupoi*] ou delineações físicas efetivas de máxima sutileza que se difundem até nós desde a superfície das coisas tal como uma deserção atômica — supostamente permite a Epicuro dar conta da afecção causada pelas sensações, base de sua canônica. Segundo essa teoria, o que percebemos (e pensamos), em última instância, é um verdadeiro duplo das próprias coisas, não meras representações. Essas réplicas sutis trazem cópia dos seres até nós, e nossos sentidos são como a entrada física e efetiva daquilo que é e do modo como é. Por certo, têm origem na vibração dos átomos internos, que leva aqueles da camada mais exterior a se desprenderem do corpo, mas conservando o delineamento ordenado: tanto a posição [*thesis*] de uns em relação aos outros no conjunto como o arranjo [*basis*] original pelo espaço que é percorrido sucessivamente. Este é certamente o aspecto mais problemático da teoria: a diminuição homogênea do simulacro sem que o ar do meio circundante provoque maiores deformações. Diferem dos sólidos que lhes dão origem, contudo, por serem extremamente rarefeitos e, óbvio, invisíveis, caso fosse de todo possível tomá-los de maneira isolada. De qualquer modo, a extrema sutileza deveria explicar adequadamente tanto o deslocamento sem danos como o inconcebível intervalo de tempo que levariam para isso. É disso que Epicuro tratará em seguida [§47]. Espaços maiores ou menores são percorridos por tais simulacros em algum intervalo de tempo cuja brevidade da duração faz com que nos escape a ordem das diferenças, de forma que parecem percorrer com a mesma velocidade diferentes extensões. Em outras palavras, o processo apenas parece instantâneo, e a razão tem todo o direito de recusar essa simultaneidade aparente. O propósito disso tudo é garantir que o objeto, de fato, seja percebido tal como é, e não como *era*. Por fim, a resistência externa é muito reduzida, mas não nula.

Um enunciado geral sobre a rapidez com que os simulacros são formados faz a transição do tópico anterior para o exame da relação que têm com o pensamento. A ideia, em poucas palavras, é afirmar que [1] a extrema sutileza da película atômica que se desgarra rapidamente do sólido, com efeito, encontra mínima resistência ao deslocar-se no meio circundante, porém tal velocidade é inconcebível: não se percebe a progressão espacial de átomos até nós. Em seguida, é estabelecido que [2] tal réplica se forma no instante em que é pensada, daí a coincidência do pensamento com seu correlato material exterior. Não ocorre nenhuma ruptura no fluxo desse processo, que é contínuo e não intermitente. E a deserção de átomos tampouco acarreta perda material e diminuição no tamanho do corpo, pois tudo se passa na superfície, que é uma camada de permanente troca com o circundante: o lugar de um átomo é preenchido por outro, emanação compensada por assimilação [*antanaplerôsis*]. Epicuro admite, entretanto, a possibilidade de ocorrer confusão nesse fluxo (por exemplo, caso haja um obstáculo que altere a réplica sem lhe bloquear o caminho). Ele afirma ainda que no ar circundante simulacros podem se formar espontaneamente, já que, ao contrário do corpo sólido, não precisam de material para compor verdadeiro volume; e isso de diversos modos (por exemplo, quando réplicas mutiladas dão origem a imagens compostas). Enfim, a teoria é satisfatória, já que nada disso é contestado pelos sentidos (a última frase desse parágrafo, contudo, é obscura e o texto, problemático).

Nos §49/51, Epicuro reafirma que há uma condição necessária à percepção e ao pensamento: afecção mútua, não mera receptividade, ou seja, impressão do sentido com uma apreensão correlata do pensamento. Esse parece ser o motivo do empenho em mostrar que sua teoria da visão é distinta de outras duas (a de Demócrito, que atribui importância ao ar intermediário, e aquela de Empédocles, adotada também por Platão, que supõe certa emissão a partir do olho indo ao encontro de uma emanação proveniente do objeto).

Em seguida, enuncia-se a origem de todo e qualquer erro. De acordo com a Canônica, a impressão do sentido com a concomitante apreensão do pensamento é sempre neutra, mas à conexão pode se juntar uma opinião falsa — e esse é o domínio de equívocos. Trata-se de algo assim: à *visão* (torre redonda) liga-se um *pensamento* conjugado a certo *juízo* de fato — ("torre redonda"/"a torre é redonda"). Como já foi dito, a impressão visual registra no órgão sensorial o estado da imagem que o afeta e revela a evidência do objeto emissor por uma afecção sensível puramente mecânica e antes de qualquer interpretação. Se outras percepções sensíveis (que tenho sucessivamente, cada vez de mais perto, à medida que caminho naquela direção) confirmarem o fato, então o juízo (acoplado àquela apreensão imaginativa do pensamento) será verdadeiro. Mas, caso venha a notar, ao contrário, que a torre é quadrada (não redonda), então aquele juízo inicial foi contestado pela experiência e se provou falso. O escólio <*graças a certo movimento em nós ligado a uma apreensão imaginativa, mas dela distinto, através do qual o falso se produz*> é tido por corrupto.

Epicuro distingue dois tipos de imagem: aquelas ligadas a um substrato material externo e outras que são imagens [*phantasmoi*] formadas na ausência de um corpo sólido (por exemplo, imagens provenientes de espelhos, imagens que surgem em sonhos), talvez para enfatizar que este segundo tipo não é a causa determinante do erro. (É difícil marcar a diferença na tradução, sem tornar o texto rebuscado.) Por certo, nesse segundo grupo, as imagens são ilusórias, já que não replicam nenhum corpo sólido. Mas, para ele, isso por si só não constitui erro propriamente dito — que concerne, na essência, a um juízo acrescentado, passível de confirmação ou contestação.

Do §52 ao §54, nos mesmos moldes — envolvendo a ideia de contato —, uma análise será aplicada ao caso da audição e do olfato.

[§54/62] Nesta seção, Epicuro aplicará seus princípios fundamentais aos átomos — *os corpos simples* —, retomando o que foi tratado em §39/40 para enunciar suas *propriedades e movimentos*. E pode-se dizer que os estudos particulares daqui em diante constituem o núcleo fundamental da "Carta". Na sequência, ele tratará dos corpos compostos, dando início pelos seres vivos — em um exame voltado para a concepção epicurista da natureza corpórea da alma e de seu papel funcional no corpo.

Átomos têm formato [*skhêmatos*], peso [*barous*] e grandeza [*megethos*] — que variam de maneira correlata —, bem como tudo o mais que é naturalmente ligado ao formato. Átomo é um pedaço mínimo e sólido, ou seja, que não pode ser quebrado, despedaçado em bocados menores. Esse pedaço inquebrável tem por certo um formato, e isso implica necessariamente ter também uma extensão. E como é afirmado no §56, à medida que é extenso, o naco fisicamente indivisível terá, contudo, "*partes mínimas*" teoricamente distinguíveis: é possível ao menos conceber a área direita ou esquerda, alta ou baixa desse bocado inquebrável. Pois isso é inerente ao extenso em si, por mais minúsculo que se possa imaginar — e ainda que sejam áreas fisicamente inseparáveis. Em suma, toda e qualquer magnitude — e não apenas o átomo — consiste em um número finito de tais mínimas, que adiante são referidas como "massas" [*ogkous*]. Enfim, ao postular tais "massas", Epicuro estabelece uma unidade mínima absoluta de magnitude, concebida para brecar distinções ao infinito de parcelas cada vez menores. Esse talvez seja o tópico mais difícil da "Carta".

Átomos não têm, aliás, nenhuma outra das qualidades percebidas em compostos (como cor, textura, cheiro e gosto), que são características provisórias e exibidas apenas nas agregações passageiras de corpos simples. O átomo, por sua vez, é o componente último, inalterável e indestrutível, subjacente ao processo de desagregação; uma espécie de lastro e garantia de que as mudanças percebidas pelos sentidos não levam o ser a um aniquilamento absoluto, nada sendo além de acréscimos, decrescimentos e rearranjos, ou reposicionamento daqueles constituintes.

Epicuro afirma, além disso, que não existem átomos de todas as magnitudes — do contrário, a partir de certo ponto eles poderiam ser vistos, mas a experiência atesta que isso não ocorre. Porém, sem alguma variação de tamanho seria difícil explicar, por outro lado, os fenômenos percebidos.

Do final do §56 e no §57, Epicuro empenha-se em mostrar que há um limite tanto para a divisão material em partes físicas cada vez menores (átomos) como para a distinção mental de porções cada vez menores (partes mínimas). O que está em jogo nessa dupla interdição de prosseguir ao infinito? Trata-se de não cair nos paradoxos de Zenão de Eleia, que apontou consequências absurdas decorrentes da tese de admitir uma magnitude *finita* com um número *infinito de partes*. Nesse caso, havia mostrado o eleata, atravessar qualquer distância finita envolveria o absurdo de precisar franquear antes uma série ilimitada de trechos menores. Epicuro apresenta nessa passagem três argumentos. O primeiro repete apenas o que já está estabelecido nos §40/41: a divisão da matéria ao infinito levaria o ser ao aniquilamento. Em seguida, ele afirma que, se um corpo delimitado tivesse um número ilimitado de partes (por menores que fossem), esse corpo forçosamente seria de grandeza também ilimitada. O último (e mais obscuro) argumento parece sugerir que toda divisão alcança uma extremidade, ou seja, um limite, e a parte subdividida também terá limite; avançar de próxima em próxima implicaria, por um lado, considerar uma sequência de limites e, por outro, alcançar pelo pensamento o ilimitado — o que é impossível.

Epicuro, na passagem dos §58/59, está empenhado em estabelecer a analogia entre a parte mínima no átomo e o *mínimo perceptível*, como uma espécie de modelo. O mínimo percebido pelos sentidos é aquilo abaixo de que, por exemplo, nada se vê. Embora seja extenso, pode-se dizer que é sem partes para o observador: partes não podem ser percorridas pelo olho — e nisso diverge dos corpos visíveis, mas não no fato de ter extensão. Na percepção, tampouco um mínimo se confunde com outro; e, na medida em que não se podem percebê-las, suas partes não se tocam. Nessas condições, o mínimo perceptível serve como unidade mental para percorrer o corpo visível, que se mostra como uma grandeza. As partes mínimas do átomo — tal como o mínimo da percepção — não são de fato isoláveis, e sim pedaços que a mente concebe compondo sua grandeza indivisível.

No §60, por sua vez, ele se empenha em coordenar duas teses que à primeira vista podem parecer incompatíveis: (1) que, no Universo infinito ou ilimitado, não faz sentido falar em extremo mais alto — "topo" — ou em limite mais baixo — "fundo" —; entretanto, (2) é possível atribuir direção aos movimentos. A solução de Epicuro é admitir que as noções de alto e de baixo são relativas e fazem sentido apenas quando têm por referência dado ponto — por exemplo, o próprio sujeito. Daí parece que não teria sentido dizer que os átomos tendem para baixo em direção a um suposto fundo do Universo, e sim que se movem primeiro em função do próprio peso, numa queda relativa a si mesmos, em razão da não resistência do vazio, como será explicado adiante, no §61. O vazio se caracteriza justamente pela absoluta falta de resistência e nele a velocidade de todos os átomos é igual — se nada fizer obstáculo, os diversos átomos se deslocam tão rápido quanto o tempo levado pelo pensamento para percorrer a trajetória, não importam o peso nem a direção.

A passagem é fechada, no difícil §62, com considerações sobre o movimento dos átomos no composto. Vale notar que, ainda neste caso, átomos singulares "movem-se" no vazio, pois até nos agregados mais sólidos há um intervalo ínfimo entre um átomo e outro — e por isso o composto pode ser desmembrado —; por estarem contidos, no entanto, o entrechoque resulta em mera vibração. Porém, ao ver que o corpo composto se desloca em movimento contínuo, um erro pode ser acrescentado pela opinião: atribuir aos átomos singulares no agregado o mesmo movimento contínuo. E, na observação de corpos em velocidades desiguais, pode-se ainda pensar erroneamente que os átomos constituintes também têm velocidades desiguais. Parecem estar em jogo três perspectivas temporais: (1) um mínimo temporal tão curto que uma interrupção é inconcebível — daí "contínuo" — e no qual o movimento é numa única direção; (2) o tempo considerado pela razão, que pensa em movimentos de diferentes direções, devido à multiplicidade de átomos chocando-se entre si; e (3) o tempo sensível revelado pela experiência, que é a resultante do caos imperceptível no micronível. Por fim, Epicuro repete o bordão de sua Canônica: percepção sensível e apreensões imediatas do pensamento são os critérios de verdade; opiniões não são em si mesmas verdadeiras.

[§63/68] Nesta seção, Epicuro apresenta suas teses sobre *a alma* [*psykhê*] ou princípio vital. A exposição é sumária e outras fontes do epicurismo dão detalhes omitidos aqui. De qualquer maneira, sua interação com o corpo é explicada com o cuidado de dar conta daquilo que nos é mais familiar: a alma precisa de órgãos físicos para a percepção e só o corpo vivo é capaz de sentir, daí ser evidente a mútua dependência.

A tese central é clara: a alma é corpo, ou melhor, um composto de átomos; e o argumento é explicitado só ao final, nos §67/68. Tem como premissas implícitas dois princípios fundamentais da física: um (examinado no §38) sustenta que nada existe por si, além de corpos e vazio, o resto é dependente desse par de opostos (contraditórios e mutuamente exaustivos); e o outro afirma que nada incorporal pode ter relação causal com o corpóreo. Em linhas gerais, este é o raciocínio de Epicuro: o único incorporal que existe por si é o vazio; se a alma é incorporal, então ela é o vazio (supondo ser a alma algo por si); ora, o vazio nem pode atuar, nem sofrer, pois atuar e sofrer são interações de corpos; mas se associam pensamento, vontade (modos de atuação) e sensação (forma de afecção) precisamente à alma; logo, esta não pode ser o vazio, então é necessariamente corpo — e a crença popular em uma substância imaterial é falsa.

A alma, aliás, tem uma natureza complexa. No §63, Epicuro dá alguns detalhes sobre sua composição: é formada por partículas sutilíssimas assemelhadas a um sopro [*pneuma*] com certa dose de calor [*thermos*] e concebidas como substâncias materiais, acrescida de um terceiro elemento anônimo, ainda mais sutil, e por isso mesmo mais conectado com o resto do agregado. Este último fator na composição talvez seja uma tentativa de explicar a grande complexidade do comportamento animal — seres sencientes e inteligentes são de fato muito diferentes dos demais seres vivos; e, a seu modo, os outros componentes bastariam para dar conta da organização funcional de tudo o mais na natureza. Lucrécio (*DRN*, 3, 231-6) acrescenta o ar na composição.

No §64, Epicuro apresenta sua tese sobre a origem da sensação — cuja causa principal é o movimento dos átomos da alma, cooptado pelo corpo que a contém e protege, e ao qual ela confere o atributo acidental da sensibilidade. É claro que, ao coexistirem no organismo, as partículas mais e mais rarefeitas que compõem a alma são circundadas e contidas pelo agregado sólido do corpo, do qual ela depende para a própria coesão. Epicuro sugere que quanto mais sutil, mais permeável e influente a alma será.

Em seguida [§65], ele estabelece os graus dessa mútua dependência: a alma, por ser a causa preponderante da sensibilidade, conserva a sensação mesmo quando o corpo perde certas partes; mas este, por sua vez, tão logo aquela parcela de átomos requerida na natureza da alma o abandone, perde de todo a capacidade de sentir que lhe era conferida. Degradado o corpo, porém, uma dissipação compulsória se impõe à alma, privada então do agregado continente.

O escólio é este: <*diz alhures que ela é constituída de átomos muito lisos e muito redondos, que diferem bastante dos de fogo; e por um lado algo dela que se dispersa pelo resto do corpo é irracional, ao passo que o racional está no tórax, como é claro a partir dos medos e alegrias; o sono ocorre quando as partes da alma dispersas por todo o composto são retidas ou então se espalham, chegando depois nos poros; e o esperma provém do corpo todo.*>

[§68/73] O propósito geral desta seção é, em primeiro lugar, apontar as características gerais dos corpos compostos, a saber, suas propriedades *ou atributos permanentes* [*symbebêkota*] por oposição ao passageiro e acidental [*symptômata*]. Em seguida, Epicuro apresentará suas teses sobre o tempo, que, como deixará claro, é acidente de acidente (no caso, do movimento, que não é realidade em si mesma, e sim qualidade circunstancial do corpo).

O §69 trata de atributos permanentes: aquelas qualidades intrínsecas, essenciais, inseparáveis dos corpos em que incidem. No plano microscópico, seriam propriedades tais como tangibilidade, formato, tamanho e peso; já no plano macroscópico incluem qualidades secundárias, como temperatura e cor, que são conhecidas pelos sentidos. Aliás, perceber o composto é precisamente captar pelos sentidos o conjunto de características constantes do agregado de átomos, sem as quais esse corpo deixa de ser o que é. De outro ponto de vista, essas mesmas qualidades dependem dele para existir e, nesse sentido, não são "naturezas que existem por si". Epicuro frisa que características estáveis não são partes materiais, nem tampouco entidades inteligíveis incorpóreas — em outras palavras, são reais —, e que a soma de atributos permanentes determina aquilo que dado composto é. Em suma, *symbebêkotas* nada mais são do que o corpo considerado do ponto de vista de seus aspectos constantes.

Nos parágrafos seguintes [§70/71], é a vez dos *atributos acidentais*, que, antes de serem propriedades ou qualidades provisórias, são estados passageiros: não essenciais e na esmagadora maioria não existentes no nível atômico (com exceção do movimento), mas perfeitamente reais no nível fenomênico. Epicuro tem o cuidado de esclarecer que usa "acidente" no sentido corrente do termo. O *symptoma* na linguagem comum é algo que literalmente *coincide* — o incidente ao acaso ou coincidência —: entra no vocabulário filosófico com a acepção de atributo e por fim no médico com a de sintoma de doença.

A parte mais difícil desta seção é sem dúvida a que retoma o problema do *tempo* [§72/73], ao qual Epicuro já havia se voltado de maneira subsidiária ao examinar o tema do movimento atômico, no §62. Há nesse tópico três dificuldades consideráveis: (1) o tempo é realidade externa e objetiva ou mera impressão subjetiva?; (2) como o tempo é conhecido?; (3) há algum tipo de unidade, se o tempo não existe por si?

A passagem anterior dava a entender que o tempo seria composto de unidades indivisíveis — a mínima temporal correspondendo à mínima de velocidade —, conferindo-lhe status objetivo. Nesta, parece associado a eventos externos cuja duração real pode inclusive ser medida. Porém, é claro que não existe por si, mas se associa ao movimento — que já é, por sua vez, propriedade acidental do corpo —, fazendo crer que o tempo é um acidente de segunda ordem (acidente de acidente, atributo ainda menos estável do que aquele a que se liga). Aqui, encontramos ainda a afirmação de que há afinidade natural [*suggenikôs*] entre a natureza humana e a evidência do tempo; mas, antes que uma hesitação, essa afirmação parece mais o reconhecimento de que, a seu modo, o tempo está em nosso poder, tendo então aspectos subjetivos e afetivos (por exemplo, a angústia com o passado, a esperança na vida eterna). A solução, ao que parece, seria admitir que, assim como há imagens ligadas tanto à fonte externa (via simulacros) como a um ato de apreensão imediata por parte do pensamento (*epibolê*) que apresenta um objeto ausente para nós, do mesmo modo o tempo é igualmente objetivo (ligado a eventos externos, objetivos e reais) e subjetivo (depende de nossa percepção relativa à duração e da imaginação que nos apresenta o passado e o futuro). Em relação à (2), Epicuro sugere que o tempo não é propriamente percebido por uma evidência — apenas se beneficia do movimento que, este sim, é evidente e do qual temos uma *prolépsis*, embora não do tempo, ainda que este possa ser considerado pela razão. Enfim, sobre a unidade do tempo (3), a chave é dada explicitamente: o tempo parece ter apenas, por assim dizer, unidade linguística.

Escólio: <*isto ele diz no livro 2 do tratado* Da natureza *e no* Grande epítome>.

Daí a recomendação, implícita no *tetrapharmakon*, de evitar qualquer inquietação com o tempo (carente de realidade por si) e de praticar a doutrina epicurista em vista de uma tranquilidade constante de alma. Esta nota baseia-se no artigo de Pierre-Marie Morel, "Les ambiguïtés de la conception epicurienne du temps".

[§73/76] De maneira súbita, Epicuro retoma o tema da criação de *uma infinidade de mundos* no Universo ilimitado, suas formas e tudo o mais que contém: seres vivos, inclusive aqueles capazes de raciocínio e linguagem. O assunto já havia sido tratado no §45, e alguns comentadores supõem que a ordem das seções que compõem a "Carta" pode ter sido adulterada; outros apontam que ela é simplesmente produto da justaposição de pequenos resumos. Esse é o assunto ainda da "Carta a Pítocles", a partir do §88, e de Lucrécio em *DRN*, livro 5.

É preciso lembrar que a principal marca da cosmologia de Epicuro está em explicar a formação do(s) mundo(s) em termos estritamente físicos e mecânicos, por certo no intento de combater a ideia de um cosmo criado e governado por providência divina. De início está indicado que macroestruturas e os compostos que contêm — os mundos e céus, astros, terra, seres vivos e tudo o mais que está no nível de nossa percepção — geram-se igualmente (mas não diretamente) do ilimitado. A criação de um mundo, na primeira fase, ocorre em decorrência da concentração de átomos que, em massa turbulenta [*systrophê*] de diversos tamanhos (e fadada à destruição), separa-se do ilimitado. Ao acaso, o entrechoque de átomos haverá de produzir, em seguida, tanto agregados instáveis, inviáveis e rumo à dissociação como estruturas estáveis, viáveis e capazes de perdurar. Enfim, por períodos incalculavelmente longos, os constituintes se deslocam e passam a ocupar seus respectivos lugares num processo de fato cosmogônico: corpúsculos mais pesados no centro, os mais leves na periferia, e assim por diante.

Primeiro escólio: <*portanto, é evidente, diz ele, que os mundos são corruptíveis por mudarem suas partes. E alhures, que a terra está suspensa no ar.*>

Nessas condições, com crescimento e desenvolvimento próprios, nutridos por um afluxo de átomos repondo perdas, em um movimento compensatório cujo desequilíbrio gradual explicará, entre outras causas, o declínio e a dissolução a seu tempo desses cosmos de múltiplas (mas não infinitas) formas. A razão deve ser uma restrição de ordem material: não parece concebível que todo e qualquer agregado de átomos baste para dar origem a um mundo.

O limite do segundo escólio desta passagem é disputado, e alguns editores o reduzem à primeira frase: <*mas os diz diferentes no livro 12 do* Da natureza. *Alguns são esféricos e outros ovais, ou ainda de outras formas, embora não possam ter todo e qualquer formato.*>.

Epicuro enuncia em seguida [§74] uma regra geral para a *formação de organismos vivos*: eles não são gerados diretamente do infinito, dependem de um cosmo para existir. E, na medida em que há mundos das mais variadas formas, também há diversos contextos e então diversas possibilidades (não obrigatoriedade) de vida: a formação de sementes [*spermata*] a partir das quais plantas e animais nascem. Daí também duas observações cabíveis: a primeira é que isso impõe dificuldades para a ideia de que deuses (viventes imortais) existem fisicamente em um espaço *entre* mundos; a segunda é que a doutrina da "Alma do Mundo", exposta no diálogo *Timeu*, de Platão, está negada: cosmo, astros e demais corpos celestes não são eles mesmos seres vivos.

A frase final (entre parênteses) é obscura e cifrada; talvez seja mais um elo para a doutrina epicurista da origem da vida neste nosso mundo: agregados viáveis surgem da terra e por ela são nutridos. O assunto recebe subsídio de Lucrécio na passagem célebre (*DRN*, 5, 772-877) em que intérpretes viram um antecedente claro da ideia darwinista de seleção natural. De fato, ao excluir os deuses da criação e do governo do mundo, Epicuro enfrenta uma dificuldade formidável: explicar a existência de organismos complexos e funcionais sem o recurso das noções de projeto inteligente, propósito ou finalidade. A solução vem em duas etapas. Primeiro, a terra no período fértil (em "úteros ligados a ela por meio de raízes" [809-10]) criou as espécies vivas — ser humano incluso —, até que essa fase parou (à maneira da mulher cansada pela longa idade [826-7]). "Nessa altura, tentou criar monstros de estranho aspecto [...] mas tudo inútil porque a natureza lhes impediu o crescimento [...] e tiveram que desaparecer muitas raças de seres vivos que não puderam, reproduzindo-se, dar origem a uma descendência" [38-56].

No §75, em nova transição súbita, Epicuro passa a tratar do *desenvolvimento humano* na Terra. Como sugerido no passo anterior, nada mais sendo do que átomos e vazio, a natureza é o princípio imanente que tudo cria. Mas, neste novo passo, ele parece empenhado em mostrar que a natureza também é afetada pelas realidades que cria. Em outras palavras, a natureza tem papel ativo e passivo: circunstâncias naturais dão ao ser humano as primeiras lições; a natureza humana as assimila, desenvolvendo-se apenas no homem o raciocínio, cuja complexidade faz dele, por sua vez, causalidade autônoma e não mecânica.

Em seguida, entra em pauta a origem da *linguagem* por meio de uma teoria sutil: no primeiro momento, engendra-se por natureza no homem uma capacidade expressiva: a emissão de som articulado em referência a objetos, emoções e impressões recebidas. Mas, com o envolvimento do raciocínio, a linguagem em seguida se expande e regula por deliberação e, de certa forma, particulariza-se: varia de povo para povo, de lugar para lugar. Por fim, com a introdução de ideias novas e abstratas, convencionam-se termos por imitação ou por analogia.

[§76/83] Na *conclusão* da "Carta", Epicuro aborda o tópico dos fenômenos celestes, que receberá um tratamento extensivo na "Carta a Pítocles", mas agora o propósito é apontar que a confusão entre astronomia e teologia dá origem a ansiedades completamente infundadas — tema, aliás, do *tetrapharmakon* e da Máxima principal 1, que afirma de novo a inconsistência entre bem-aventurança divina e preocupações com a humanidade. Nos §76/77, Epicuro afasta dois tipos de equívoco nessa matéria: que esses eventos do firmamento são controlados pelos deuses e que os astros são, eles mesmos, seres divinos. Não se deve tirar o mérito de nossa concepção dos deuses — as noções associadas ao divino: tranquilidade, paz e bem-aventurança.

A crítica em um primeiro momento visa à religião popular, como o parêntese deixa claro; mas, em seguida, Platão e Aristóteles são igualmente alvos, na medida em que atribuem (cada um a seu modo) inteligência às revoluções dos corpos celestes. Epicuro, por sua vez, explica tudo isso em termos estritamente físicos e mecânicos, a partir do estado original das massas turbulentas que se separaram do ilimitado.

Em seguida [§78/79], ele põe o foco em questões humanas: é preciso manter-se no âmbito acurado da natureza última no que concerne aos fatos principais — tudo é gerado do movimento de átomos no vazio —, algo fundamental à nossa tranquilidade. O conhecimento de detalhes — eclipses e outras efemérides de tempos em tempos — não remove nossos temores; pelo contrário, pode aumentá-los (e não é necessário para a felicidade). Se não pudermos estabelecer uma única causa para tudo o que está a tamanha distância (seja por nossa própria incapacidade, seja pelo fato de o fenômeno poder ocorrer de diversos modos), isso não deve nos angustiar.

O método [§80], de qualquer maneira, deve ser este: inferência por analogia com a nossa experiência aqui na Terra. Em outras palavras, é preciso investigar os eventos relacionados e ao nosso alcance, considerar de quantos modos poderiam se produzir e aplicar essas conclusões aos fenômenos celestes — que, pela extrema distância, jamais serão objeto de observação direta. E, ainda que se considere uma dessas explicações alternativas como a certa, deve-se admitir que outras são possíveis, e não se deixar perturbar por nada desse tipo. Afinal, a conclusão é de ordem prática [§81]: as duas maiores causas de inquietação são a crença de que os corpos celestes são seres divinos (e agem contra sua natureza divina) e o temor infundado na morte. A *ataraxia* resulta precisamente em livrar-se dessas inquietações.

Epicuro retoma a posição assumida no início da "Carta": a confiança nos sentidos e sentimentos é tudo o que há de seguro. E §83, com efeito, é perfeitamente coordenado ao primeiro em ideias e vocabulário.

CARTA A PÍTOCLES
Sumário

§84/87 — *Preâmbulo:*
 1. [84/86] *Objetivo: ataraxia* e convicção firme.
 2. [86/87] *Método:* a impossibilidade do discurso único, o modo de múltiplas explicações, a investigação dos indícios e a inferência por analogia.

§88/98 — *Cosmologia geral:*
 1. [88/90] Os *mundos:* natureza do mundo e sua formação.
 2. [90/91] Os *corpos celestes:* criação no mundo e constituição, magnitude.
 3. [92/93] Movimentos dos corpos celestes.
 4. [93] Reversões.
 5. [94/98] *A Lua:* fases, faces, eclipses, períodos e duração do dia e da noite.

§99/104 — *Meteorologia:*
  1. [99] Previsão do tempo.
  2. [99/100] Formação de nuvens e chuva.
  3. [100/104] Trovão, relâmpago e raio; a ordem.

§104/110 — *Outros fenômenos atmosféricos e terrestres:*
  1. [104] Ciclones
  2. [105] Terremotos.
  3. [106/109] Granizo, neve, orvalho, geada e gelo.
  4. [109/110] Arco-íris e halo.

§111/115 — *Elementos astronômicos complementares:*
  1. [111] Cometas.
  2. [112] Estrelas fixas.
  3. [113] Planetas.
  4. [114] Diferença de velocidade nas órbitas.
  5. [116] Estrelas cadentes e indícios.

§116 — *Conclusão.*

Comentário geral

O estilo dessa carta difere daquele das demais em alguns aspectos — não é também tão refinada quanto a "Carta a Meneceu" —; certas expressões típicas não são empregadas na abertura dos parágrafos e, por tudo isso, sua autenticidade foi posta em discussão. Como nos outros casos, contudo, trata-se claramente de um breviário baseado em outro trabalho maior e pode-se estar convicto então de que, seja como for, tem origem em doutrinas genuinamente epicuristas.

De acordo com Plutarco (*Adversus colotem* 1124c), Pítocles era um discípulo particularmente apreciado e bem-dotado.

O tema — *ta meteôra* — inclui os eventos dos céus

e da atmosfera (e ainda eventos subterrâneos, como os terremotos). Esta carta, em suma, trata das principais ocorrências na (espantosa) abóbada celeste sob a qual vivemos. O firmamento e todo o mistério nele envolvido são, por certo, origem de grande parte do misticismo que aflige a humanidade. O interesse central de Epicuro na matéria é garantir a tranquilidade de alma [*ataraxia*] e afastar qualquer espécie de superstição.

A cultura grega contemplou a abóbada celeste e nela pressentiu evidências de verdadeira inteligibilidade. A filosofia, em particular, viu na "imagem móvel da eternidade" algo de genuinamente divino: há um céu indestrutível (e, portanto, não gerado), de todo apartado e indiferente às mazelas humanas. Nessas condições, qualquer teoria dos *meteôra* incluiria, em nossos termos, uma astronomia com viés teológico: ciência matemática do eterno. A posição de Epicuro, porém, tanto se distingue como honra aquela de seus predecessores: não há ciência nesse domínio, mas diversas formas possíveis de explicar as ocorrências particulares do firmamento. De fato ele leva em consideração muitas das teses em voga por considerá-las igualmente convincentes. E, não havendo ciência única, daí também não haver teologia única que possa se impor aos homens, ainda que tudo decorra exclusivamente de dois princípios físicos: átomos em movimento no vazio.

Essa carta, de certo modo, suscitou entre os intérpretes interesse menor; apresenta muitas dificuldades filológicas que serão adotadas < > ou deixadas de lado em favor das interpretações mais consensuais. O vocabulário empregado é repleto de preciosismos de ordem técnica que, na medida do possível, a tradução pretendeu preservar. O assunto em geral pode ser substancialmente complementado pelos livros 5 e 6 do *De rerum natura* de Lucrécio. Muitas dessas teorias já haviam sido examinadas por Aristóteles no tratado *Meteôrologika*. Por fim, é preciso também dizer que estas notas basicamente resenham aquelas de Cyril Bailey em *Epicurus: The Extant Remains*; no entanto, as informações apresentadas não farão referência passo a passo a esse trabalho seminal apenas para conforto do leitor, que deverá recorrer ao comentário sempre que necessário para uma pesquisa mais aprofundada.

Notas

[§84/87] *Preâmbulo:* os dois primeiros parágrafos [§84/85] abrem a "Carta" de modo habitual: apontando a motivação (um pedido do discípulo) e a utilidade do breviário. O *objetivo* de conhecer os fenômenos celestes, como sempre no epicurismo, é firmar convicções que promovam a *ataraxia* ou paz de espírito: enquanto se acreditar que o movimento dos astros obedece aos seres divinos, expressando intenções para com os seres humanos, a vida almejada no Jardim é inviável. Daí o propósito de ligar também o estudo dos *meteôra* às leis físicas que governam toda a natureza, ainda que possam receber mais do que uma explicação convincente.

De fato, três aspectos relativos a *método* serão esclarecidos em seguida [§86/87]: o estudo dos fenômenos celestes, antes de tudo, difere da ética e da física no que diz respeito ao procedimento de investigação. No caso dessas duas áreas de conhecimento, é possível chegar à causa única responsável por determinado efeito; no primeiro caso, por sua vez, diversas causas podem ser sugeridas para um mesmo fenômeno, e, por estarem longe da observação direta, não há como decidir qual delas seria a causa exata. Assim, aponta-se em seguida que toda explicação plausível, convincente e não contestada por dados da nossa experiência sensível, deve ser admitida como possível. Por fim, há a sugestão de que tudo aquilo que é percebido no mundo a nossa volta também neste caso pode dar indícios sobre o que acontece nos céus. Esses indícios permitem, por analogia, remontar às realidades celestes. A conclusão, como afirmado também ao final da "Carta a Heródoto" [§80], é que o fato de admitir múltiplas explicações não deve ser motivo de inquietação, pois nada há de arbitrário e sobrenatural nos eventos do firmamento, nem tampouco ruptura com as leis gerais que governam a natureza. Trata-se de uma diferença entre tipos de fenômenos e nada mais.

[§88/98] *Cosmologia geral.* Esta seção, iniciada de maneira um tanto brusca no §88.4 (i.e., linha 4), aborda o tema da *natureza e formação do mundo*, definido como "porção circunscrita do céu contendo astros, Terra e todos os fenômenos" [*ta phainomena*], decerto se referindo às ocorrências astronômicas e meteorológicas examinadas ao longo desta carta. Em suma, um cosmos é limitado por extremidade densa ou rara e pode ter diversas formas — e essas são suas características essenciais. O tópico retoma passagens da "Carta a Heródoto" (§45, 73 e 74) e é também tratado por Lucrécio em *DRN*, 2, 1048-174, e V, 416-508; 534-63.

Em seguida [§89/90], são apresentadas as condições requeridas para a formação de infinitos mundos. Não basta um aglomerado caótico de infinitos corpúsculos se movendo no vazio ilimitado: é preciso átomos com certas características convenientes a formar combinações viáveis para compostos organizados e articulados (para isso, porções de matéria devem se deslocar para lugares adequados), aptos ao processo de assimilação material (envolvido no crescimento e no desenvolvimento desses corpos). Nesta passagem há uma crítica ao primeiro atomista, Leucipo — "um dos pretensos físicos" —, que não arrolou todas aquelas exigências, mas afirmou que apenas a necessidade mecânica dos elementos materiais bastaria para a geração do cosmos.

O §90.5 tratará imediatamente dos *corpos celestes* como constituintes do mundo: não são formados em separado e depois incluídos nele; pelo contrário, são partes intrínsecas geradas de modo concomitante a partir de um material rarefeito de natureza ígnea e/ou gasosa. O escólio explicita <*assim como a Terra e o mar*>.

A respeito da magnitude de um astro [§91], afirma-se a doutrina peculiar de que deve ser praticamente do mesmo tamanho que o vemos — convicção um tanto artificial, contudo imposta pelo princípio canônico de que as sensações são o primeiro e mais fundamental critério de verdade. Novo escólio: <*e isto se encontra também no livro 11 do tratado* Da natureza. *"Se, diz ele, o seu tamanho diminuísse por causa da distância, muito mais diminuiria sua luz. Pois nenhuma outra distância é mais adequada do que essa."*>. Há uma discussão acerca da última sentença do escólio: faria ou não parte da própria carta? Conservei-a como glosa explicativa ao precedente, pois parece que assim o texto faz mais sentido. De qualquer modo, trata-se de distinguir a grandeza do astro em relação ao observador e em relação a si mesmo, ponderando o efeito da luminosidade na alteração do percebido. Algo desse tipo está em jogo: o Sol à distância é percebido de determinado tamanho pelo observador, e *esse fato* não autoriza concluir que se trata de seu tamanho real; ora, diante da impossibilidade de verificar de perto, é possível observar de que forma a luminosidade interfere na percepção do tamanho real no caso de fontes de luz no nosso meio ambiente — a evidência de que o halo luminoso altera muito pouco a percepção pode ser levada por analogia para os eventos celestes.

Em seguida [§92], o foco é colocado no levante e ocaso dos astros, em particular no nascimento e no pôr do sol, que marcam o amanhecer e o cair da noite. Há duas explicações possíveis: (1) que ocorre uma ignição regular e efetiva [*anapsys*] e depois extinção [*sbesis*] dos corpos celestes (Heráclito) — como se a cada vez o astro se reconstituísse, havendo na atmosfera condições convenientes para isso; e (2) que aparecem por detrás do horizonte e depois desaparecem em um ponto diametralmente oposto (Anaxímenes). As duas opiniões são plausíveis e nada na experiência sensível se opõe a elas.

Algumas linhas abaixo, o movimento dos demais astros é abordado [*§92.8/93.3*]. É preciso antes lembrar que a Terra não era concebida como esférica para entender melhor as duas próximas concepções. Uma hipótese enuncia (3) que o céu como um todo se move, levando com ele os corpos celestes (Anaxímenes) — em um movimento horizontal e similar ao da pedra de um moinho, não perpendicular como o de uma roda. Afirma-se também que, na realidade, a órbita dos corpos celestes vai na direção oposta <rumo ao Oriente> àquela que aparece para nós. E que tudo o que está mais próximo resiste mais ao "turbilhão do céu" e por isso anda mais devagar, ocorrendo o contrário com o mais distante. A explicação seguinte é (4) de que os corpos celestes sempre se deslocam para lugares contíguos atraídos por aquilo que alimenta a combustão do próprio fogo (o combustível). Lucrécio retoma esses e outros pontos em *DRN*, 5, 510-33; 621-36.

O final do *§93* trata dos solstícios [*tropas*]. Em grego, o termo é "reversões", "viradas". O Sol, como se sabe, percorre dia a dia um arco cada vez mais alto pela abóbada do céu — com dias mais e mais longos — até o momento em que essa tendência se inverte. Os pontos de culminação e declinação (de inversões na direção desse movimento) marcam a "eclíptica": a faixa oblíqua da abóbada que contém sua órbita. Ligam-se ainda tais "reversões" às estações do ano. Nesse caso, há também quatro alternativas de explicação: (1) que o próprio céu se inclina [*loksôsin ouranou*], pois, se a causa do movimento dos astros é a revolução do orbe celeste, então a inclinação de uns se deve a algo similar que ocorre no outro; (2)

que correntes de ar levam os astros às várias posições exibidas; (3) que o movimento deles, mais uma vez, se deve à busca de combustível para alimentar o próprio fogo; e (4) que, desde o início, os astros foram colocados nesse giro por necessidade mecânica (Demócrito).

Na seção seguinte [§94/98], a *Lua* é o tema central. Primeiro, as explicações tradicionais para suas fases são apresentadas, sem preferência aparente por uma delas. As diferenças no aspecto lunar podem decorrer (1) de um movimento da própria Lua, que, sendo uma bola de luz com um lado aceso e outro apagado, ao girar revela gradualmente essa diversidade de formas, ou (2) de diversas conformações da atmosfera, com maior ou menor disponibilidade de combustível ao longo do percurso, ou, ainda, (3) da interposição de algum outro corpo opaco e invisível para nós. Em seguida [§95], admite-se que a Lua possa ter luz própria ou que seu brilho seja reflexo da luz do Sol.

Entre cada bloco de hipóteses e tal como um bordão, afirma-se a possibilidade das diversas explicações plausíveis para os fenômenos, contanto que não contestadas por evidências empíricas.

O problema do eclipse recebe tratamento enxuto no §96, em que duas explicações são sugeridas: (1) por extinção temporária — teoria atribuída a Xenófanes — e (2) por interposição de algum outro corpo, cujas naturezas poderiam diferir nos casos de eclipse da Lua ou do Sol. A possibilidade de combinar uma e outra dessas causas atenderia provavelmente a essas especificidades, mas, de qualquer maneira, a brevidade do texto aumenta bastante a obscuridade. O escólio traz <*e diz o mesmo no livro 12 do tratado* Da natureza *e acrescenta que o Sol se eclipsa ao fazer-lhe sombra a Lua, e a Lua pela sombra da Terra, mas também por remoção. E isso Diógenes, o epicurista, também diz no livro 1 de seleções*>. A "regularidade dos turnos" é apontada [§97] por uma frase referente às órbitas dos corpos celestes, que seguem períodos sempre idênticos — de um mês a Lua, de um ano o Sol. A regularidade de fenômenos junto a nós — por exemplo, as estações do ano — atesta a ordem de fenômenos celestes. A longa conclusão, de novo, adverte contra explicações de cunho teológico ou qualquer tipo de dogmatismo.

O estudo de cosmologia geral é fechado [§98] com a observação sobre a variável duração do dia e da noite. A expressão empregada é *parallattonta*: há a alternância dia longo/noite curta e dia curto/noite longa, em que as proporções recíprocas são trocadas pouco a pouco. O texto é obscuro e alvo de alguma discussão filológica, mas a explicação repousa, em suma, nas diferenças de velocidade e distância regularmente percorridas pelo Sol.

[§99/104] *Meteorologia*. Esta seção é dedicada a fenômenos atmosféricos; o tema de transição são os sinais para *a previsão do tempo* [§99], e duas instâncias são dadas: (1) mudanças atmosféricas — tal como um pôr de sol vermelho indicando bom tempo — e (2) o aparecimento de animais no ambiente — tal como uma revoada de certo inseto como indício de alguma condição climática. Não há exemplo, mas é possível inferi-los. Aqui se percebe mais uma vez, sobretudo, a preocupação em dar explicações naturais a eventos que poderiam ser interpretados como sinais divinos.

A observação anterior leva naturalmente ao tema da meteorologia, começando por apresentar três causas para a *formação de nuvens*: (1) literalmente, pela compressão [*pilêsis*] do ar por pressão conjunta [*synôsis*] de ventos — sendo o ar um elemento úmido, está em jogo sua condensação por força dos ventos —, (2) pelo emaranhamento entre átomos apropriados — aqueles de natureza úmida capazes de formar o núcleo da nuvem — e, ainda, (3) pelo conglomerado de eflúvios vindos da terra e do mar — partículas de umidade que se elevam na atmosfera provenientes de rios e oceanos. Há, por fim, a admissão de que poderia haver outras explicações para compostos desse tipo, que estão, contudo, diretamente ligadas à *ocorrência de chuvas* — mas, de novo, o texto é curto e difícil [*§100*]. A ideia geral parece ser de que, por um lado, as próprias nuvens espremem-se umas contra outras, mas que uma corrente de ventos, por sua vez, também seria fator relevante — quer pela pressão exercida no conjunto, quer por um aporte material. Ver a exposição de Lucrécio em *DRN* 6, 451-524.

Os próximos parágrafos [*100.4/104*] tratam de fenômenos como trovão, relâmpago e raios. Em cada caso, há muitas explicações plausíveis arroladas. Para a ocorrência do *trovão* [*brontê*], quatro versões são apresentadas: (1) por uma contorção de um vento interno às nuvens — como o barulho de vasos vazios quando soprados e rumores de vísceras —, (2) pela reverberação e estrondo do fogo se distendendo com o bater de um vento — como numa fornalha —, (3) por dilaceramento brusco e separação ruidosa de uma nuvem, ou, ainda, (4) por fricção [*paratripsis*] e ruptura [*kataksis*] de massas de nuvens congeladas se arranhando com muito barulho.

Em relação aos *relâmpagos* [*astrapai*], a narrativa é ainda um tanto confusa, mas parece se orientar em três linhas. Em geral, trata-se de formas mais ou menos violentas como configurações atômicas provocando fogo [*ho pyros apotelestikos skhêmatismos*] ejetadas das nuvens: (1) por fricção dos lados no sentido de atrito que provoca faísca ou por colisão [*sygkrousis*] e forte choque de nuvens carregadas umas contra outras; (2) por expulsão de corpos apropriados a esse tipo de clarão pela força dos ventos ou (3) por serem espremidos por nuvens empurradas pelo vento. Em seguida, aventa-se a possibilidade de o relâmpago ser fruto não de fogo contido nas nuvens, e sim de partículas de calor e luz das mais sutis se imiscuindo nas nuvens, (4) provindas de corpos celestes ou (5) absorvidas da atmosfera e filtradas pelas próprias nuvens. Há uma frase entre parênteses que se supõe ser alguma conexão entre relâmpago e trovão. Por fim, evoca-se a alternativa de que, internamente à própria nuvem, (6) um vento ateie o fogo em decorrência da intensidade de um movimento rotatório. Não está claro, contudo, em que a última (7) alternativa se distingue da primeira — talvez seja por um protagonismo maior do vento neste caso. Este tópico é fechado com a consideração de as causas de relâmpagos precederem os trovões: há a possibilidade de que um de fato ocorra antes do outro; e há aquela de que sejam simultâneos, mas que uma luz por assim dizer seja percebida antes que o som. Ver ainda Lucrécio em *DRN*, 6, 145-218.

Raios serão considerados, em *§103.3*, nos moldes anteriores, com as duas alternativas de causas sendo o vento e o fogo: (1) pela emissão de partículas de vento por nuvens em vastos conglomerados, que se rasgam e se incendeiam, e acabam caindo sob a forma de raio, e (2) por emissão de partículas de fogo em um processo similar. Em ambos os casos, o fenômeno ocorre como resultado da compressão das massas de nuvens carregadas e cada vez mais condensadas pelos ventos. Adverte-se mais uma vez contra os perigos da crença em mitos que associam o raio à vingança divina.

[*§104/111*] Esta seção da "Carta" trata de *outros fenômenos atmosféricos e terrestres*, como ciclones; terremotos e vulcões; granizo, neve e orvalho; arco-íris e certo halo que aparece ao redor de alguns corpos celestes.

De início [*§104.04/105.3*], duas explicações para *ciclones* — e não três, como pretende Bailey — parecem ser oferecidas, todas com base no movimento dos ventos: (1) por descida de uma nuvem em forma de coluna a girar em turbilhão, empurrada para baixo por ventos; (2) por rotação do próprio vento em um movimento de espiral, impedido de escapar pelos lados por massas de nuvens condensadas, empurrando a umidade interna às regiões inferiores.

Os *sismos* ou terremotos [§105.4/106.5] têm duas possíveis explicações: são causados (1) por um vento que corta, desloca e sacode a terra — (1.1) podendo penetrá-la de fora, ou (1.2) produzir-se no seu interior, pela queda de terreno em cavernas subterrâneas — e (2) pela propagação e reverberação dos choques decorrentes do desmoronamento de terras por regiões cavernosas, que causa esses ventos do subsolo. As duas últimas frases um tanto vagas poderiam ser uma alusão a vulcões, pela menção a correntes de material líquido, embora fosse esperada nesse caso alguma referência ao fogo.

Em seguida, o foco volta-se de novo para eventos meteorológicos [§106.6/109.8]. O *granizo* pode resultar do congelamento seja de (1) átomos de ar, seja de (2) átomos de água, sempre por congelamento — embora mais forte no primeiro caso do que no outro, talvez pela menor densidade do ar do que da água —, combinado a algum processo de fragmentação em pequenas massas compactas. A forma esférica do granizo é explicada quer por um desbaste uniforme das irregularidades (talvez no rolar durante a queda), quer por uma composição que se dá regularmente ao redor da partícula. A *neve*, por sua vez, tem três versões para explicar sua formação, a depender do local em que ocorre o suposto congelamento das partículas: (1) átomos de água expulsos através de poros nas nuvens por pressão de vento, comprimindo-as umas contra outras e que se congelam ao cair transitando por regiões extremamente frias; (2) por uma espécie de transpiração de partículas congeladas em nuvens e reunidas depois em floco por força externa já na atmosfera; e (3) por certa trituração do gelo nas nuvens ao se friccionarem lateralmente umas contra outras e por impulsão [*apopalsis*] — esse termo sugere que o impulso decorreria de uma vibração do próprio átomo. O *orvalho* é causado (1) por partículas de ar que se juntam na atmosfera predisposta a esse tipo de umidade e caem, ou (2) por virem de regiões úmidas e já terem essa natureza mesmo antes de se juntarem, e depois caírem para as regiões mais baixas. Há uma lacuna, mas o contexto levou à inferência de que se trataria de uma observação sobre geadas. O tópico é fechado com uma breve nota sobre duas possíveis maneiras para a formação do *gelo*: (1) por eliminação de partículas de água esféricas ou por pressão ao redor de partículas angulosas que existem na água, cuja constrição [*synôsis*] chega ao ponto de arredondá-las, e (2) por adição desse tipo de partícula que acontece fora da água e daí passa ao congelamento.

Por fim, [§ *109.9/110.5*] duas teorias são expostas para a formação do *arco-íris*. O texto da passagem é controverso e as interpretações (todas obscuras) variam a depender da decisão filológica tomada. Parece claro, entretanto, que as explicações variam quanto à origem do efeito — seja (1) por projeção efetiva da luz solar em atmosfera úmida, seja (2) pela adesão [*prosphysis*], i.e., combinação de luz e ar, apta a produzir as diversas cores — quer uma única para todos os matizes de uma só vez, quer várias para cada um separadamente — que refletem depois na atmosfera, em virtude da iluminação de suas várias partes. O formato em arco, por sua vez, pode decorrer respectivamente do fato de todos os pontos do reflexo serem equidistantes da nossa visão ou de serem os componentes da mistura de fato arranjados dessa forma. A parte meteorológica é fechada [§ *110.6/111.3*] com três possíveis explicações para o *halo em volta da Lua*: forma-se de ar (1) anexado a ela vindo de fora ou (2) proveniente de emanações dela própria, ou, ainda, de (3) certa contenção, pressionando o ar em volta dela até formar-se o anel espesso — seja por força de um fluxo externo, seja pelo calor que bloqueia igualmente poros por todos os lados.

[*§111.4/116.3*] A carta retoma certos *elementos complementares de astronomia*. *Cometas*, literalmente "astros cabeludos" [*komêtai ásteres*], surgem (1) do fogo que de tempos em tempos é produzido por certas circunstâncias dos céus. Podem ainda ser (2) estrelas que se revelam devido a um movimento do céu como um todo ou ao delas próprias. Tudo isso causa tanto o aparecimento quanto o desaparecimento desses corpos celestes. As *estrelas fixas*, por sua vez, giram sempre em torno do polo — a parte fixa do mundo — (1) porque o céu mesmo se move e elas vão junto, ou (2) porque se movem, estando o céu parado, porém são impedidas de mudar de lugar ou por sofrerem uma espécie de constrangimento do ar em volta delas, ou por encontrarem apenas naquele ponto o combustível requerido para as queimas. *Planetas*, por outro lado, são corpos celestes errantes, ou melhor, de trajetória errática. São oferecidas duas explicações alternativas para isso: (1) seu movimento independente e até certo ponto aberrante foi assim determinado por necessidade desde o princípio ou (2) em razão do fornecimento irregular de combustível para queimarem ao longo de suas trajetórias. A órbita é sempre referida pela noção de vórtice [*dinê*]. Em seguida, está em foco a diferença de velocidade das órbitas dos planetas, cujas explicações alternativas um tanto confusas parecem ser: (1) de fato, uns vão mais rápido do que outros, ou (2) os astros que caminham mais devagar estariam com efeito indo em direção oposta àquela dos mais velozes; contudo, apanhados por estes, são levados para trás e (3) todos seguem na mesma direção, e aqueles mais afastados do centro têm uma distância maior a percorrer. A passagem sobre *estrelas cadentes* também tem dificuldades textuais, mas o sentido parece ser este: são fruto (1) do atrito de um astro contra outro e da emissão dos estilhaços por força de um vento, ou (2) da reunião de átomos produtores de fogo por algum tipo de afinidade e que provoca o impulso ou lance [*hormê*] ou (3) de ventos que se incendeiam em função de um movimento giratório e cuja matéria envolvente extravasa em direção ao ponto da queda. Há um comentário final e deslocado, em que se afirma em tom irônico que os supostos indícios de clima ligados ao aparecimento de certos animais são mera coincidência.

[§116.4/116.11] A carta é concluída com novas considerações sobre a única finalidade desse tipo de estudo — a vida feliz — e reafirma a relevância da memorização dos pontos principais, pois a eles se ligam os pormenores.

MÁXIMAS PRINCIPAIS
Sumário

1. O *tetrapharmakon* [1-4]
2. A relação entre prazer e virtude [5]
3. Proteção em face das perturbações exteriores [6-7]
4. A seleção dos prazeres [8-10]
5. O valor ético da ciência física [11-3]
6. A vida do sábio e natureza, seus companheiros e verdadeiro prazer [14-21]
7. Provas e critérios da ação moral (verdadeiramente prazerosa) [22-6]
8. Amizade [27-8]
9. A classificação dos desejos [29-30]
10. Justiça e injustiça [31-8]
11. A vida do sábio na comunidade epicurista [39-40]

Comentário geral

Diógenes Laércio, na sequência das "Cartas", transcreveu quarenta aforismos de Epicuro [*Tas kyrias autou doxas* — DL, 10, 138-54], como um coroamento de toda a obra para, no final, "usar o que é princípio da felicidade". Há certo consenso de que o conjunto de máximas foi organizado por algum discípulo e nem tudo é da autoria do mestre; seja como for, conteúdo e forma (o breviário) estão perfeitamente de acordo com o epicurismo.

Há uma segunda coleção de 81 aforismos — *Gnomologia vaticano* — de outra fonte: um manuscrito do século XIV (*Codex vaticanus* gr. 1950) descoberto em 1876. Uma edição brasileira do texto grego, com tradução e comentários para cada aforismo de ambos os conjuntos, é a de João Quartim de Moraes, *Sentenças vaticanas; Máximas principais*.

Alguns estudiosos tiveram o impulso de determinar a ordem das *Kyriai doxai*. O sumário abaixo é o de Cyril Bailey, *Epicurus: The Extant Remains* (Oxford, 1926), citado em. J. Q.de Moraes, ibid., p. 64.

DA NATUREZA, 25— FRAG. A [1-22] e B [1-70]

Comentário geral

Os fragmentos correspondem a *20B e C* (v. 1, tradução e comentários; v. 2, texto grego e notas) em A. A. Long e D. D. Sedley, "Epicureanism — Ethics: Free-will", *The Hellenistic Philosophers* (CUP, 1987).

Há uma discussão sobre a qual livro do tratado *Peri physeôs* de Epicuro pertencem esses dois fragmentos (os livros 35 e 28 aparecem indicados), mas o trabalho de S. Laursen (1987), "Epicurus *On Nature*, Book XXV", em *Cronache ercolanesi* 17:77-8, levou a certo consenso de que fazem parte do 25. Trata-se de um livro importante, pois dele há três cópias vindas de Herculano em manuscritos bastante danificados [*PHerc*, 697, 1056 e 1191]. A edição de C. Diano (1946), em *Epicuri ethica*, baseia-se em texto anterior (Vogliano), feito a partir de fac-símiles "apógrafos", pouco acurados. David Sedley (1983), no estabelecimento do texto em "Epicurus' Refutation of Determinism" — *Syz t sis: Studi sull'epicureismo greco e romano offerti a Marcello Gigante*, retomou os três papiros e fez não muitas correções e alterações, mas com grande impacto na leitura dos textos. As notas abaixo, em geral, seguem as linhas de interpretação do argumento dada por ele.

Epicuro, em sua "Carta a Meneceu", tinha em mente (i) o agente humano como um fator eficiente, dentre outros no desenlace dos fatos. De fato, é evidente haver, além do que ocorre por necessidade e do que ocorre por acaso, aquilo "que depende *também* de nós" [*par'hémôn*]. Isso era todo o requerido no propósito de mostrar ao discípulo que estava nas mãos dele ser feliz: praticar a doutrina e atingir o estado de *ataraxia* — ausência de distúrbios psíquicos — e de *aponia* — ausência de padecimento físico.

No mesmo pano de fundo, distinções mais nuançadas (ali não explicitadas) parecem entrar em jogo nos fragmentos da obra *Da natureza*. Indício disso é o emprego de novas preposições [*epi* e *dia*], em diferentes passagens para as locuções referentes ao fator humano como causa no desenrolar dos fatos. Trata-se apenas de ênfase maior e está em foco aqui (ii) o agente como princípio eficiente e em relação àquilo "que acontece por causa de nós" [*eph' hémenôn* e *to di' hémenôn*]. O problema de Epicuro é estabelecer quem é o responsável [*aitios*: o causador] pela ação: a necessidade inexorável que tudo determinaria? Ou a própria pessoa poderia ser responsabilizada por seus atos? Epicuro quer combater o determinismo causal implicado no atomismo de Demócrito. Embora aceite a teoria dos átomos, pretende defender que o sujeito pode querer e é capaz de mudar a sua tendência natural.

O que diz o determinismo mecânico? Nossas ações decorrem "por necessidade" de fatores hereditários em nossa constituição congênita e de fatores ambientais —

tudo o que está à nossa volta e nos influencia, tudo o que podemos perceber. Nossa conduta na verdade resultaria de compulsões inevitáveis. Epicuro, por outro lado, seria partidário da escolha e livre vontade — o verdadeiro descobridor do *"free-will problem"*; mas essa interpretação vem se mostrando anacrônica. Para evitar enganos, vale comparar dois modelos explicativos para o agente humano. [A] Modelo da vontade livre e separada de influências causais (*free-will*) e [B] Modelo da autonomia, em que a pessoa como um todo é a causa de dada ação. O texto do próprio Epicuro parece defender [B] e não [A]. Mas os intérpretes que supõem tratar-se, pelo contrário, de uma vontade livre no sentido [A] evocam em apoio Lucrécio, *DRN*, 2, 251-93, e 4, 877-91.

No modelo [A], a "livre vontade" é uma faculdade específica de tomada de decisão; tem controle e pode decidir contrariando todas as demais causas influentes no meu ato. A vontade não se identifica com a pessoa como um todo e é uma causa independente. Segundo esse modo de ver, existem influências causais externas — provenientes do ambiente — e também internas, tal como as disposições de caráter, desejos, inclinações, memórias, crenças, etc. Mas o "eu" que toma a decisão não está determinado por nada disso e é separado, por assim dizer, de todo "o resto de mim". Nada diferente, o agente poderia fazer X ou não fazer X, a seu bel-querer, havendo 50% de possibilidade de ocorrer uma ou outra das alternativas, que não têm causa determinada. O modelo [B] é aquele da "autonomia" do sujeito. Neste caso, o agente como um todo é a causa de determinada ação. Por certo há influências externas e que não dependem totalmente dele. Isso dado, a pessoa na totalidade de seus aspectos — sistema de crenças, disposições de caráter, desejos, memórias... — é a causa de certa ação, que depende dela. Epicuro tem em vista o modelo [B] explicativo do agente humano. Nesse tópico, ver Susanne Bobzien, "Did Epicurus Discover the

Free-will Problem?" em *Oxford Studies in Ancient Philosophy*, n. 19, pp. 287-337, 2000.

Seja como for, o tópico geral dos fragmentos é o *desenvolvimento psicológico humano* [*apogegennêmon*], abordado em termos de causas [*aitiologikos tropos*]; em outras palavras, trata-se da capacidade humana de dar forma à própria vida (e ser causa de si mesmo) — aspecto decisivo para o epicurismo. A constituição física ao nascer (com seu amplo espectro de potenciais) e os inputs do ambiente ao longo da vida contam ainda com a determinação do agente para dar este ou aquele rumo ao próprio desenvolvimento e à formação de seu caráter.

Em suma, uma análise completa do ser humano como causa de suas ações deve distinguir agora três aspectos: [1] a capacidade de agir segundo um desejo e a autonomia para obter o que quer e, com o corolário, [2] de responder moralmente pela própria conduta, podendo ser alvo de elogio ou admoestação, e ainda [3] a capacidade de influir na modelagem da própria personalidade.

Antes, cabe abordar a relação entre o *agente livre* e o *desvio do átomo*. De novo, é preciso repetir que não há pistas da declinação [*parenklesis*] nas "Cartas" de Epicuro: nem naquelas sobre física e cosmologia — sumários provavelmente dos primeiros livros (1-12) do *Da natureza* —, nem naquela sobre ética. Mas tudo leva a crer que Epicuro elaborou a inovação no trabalho sobre psicologia e na parte final da obra magna.

Lucrécio põe o *clinamen* em relação direta com a liberdade de ação (*DRN*, 2, 290-4).

Porém, é no mínimo intrigante imaginar de que maneira um fator indeterminado no nível atômico (e a negação do determinismo) poderia beneficiar justamente a autodeterminação do sujeito. "Um elemento randômico no comportamento de nossos átomos constituintes poderia nos fazer completamente excêntricos, mas excentricidade randômica dificilmente é o mesmo que *free-will* ou autodeterminação, e poderia até mesmo militar contra ela" (ver D. Sedley, op. cit; p. 12).

O desvio pode ocorrer sem restrições em qualquer átomo, a qualquer momento e em qualquer composição: seja em mesas, em pedras, bem como em animais. Portanto, ele pode ser condição necessária à liberdade do agente, mas dificilmente é condição suficiente. Há grande distância (possível de ser vencida, porém não óbvia) entre postular uma declinação aleatória do átomo e explicar a liberdade do agente.

O propósito de Epicuro (um partidário do atomismo), de qualquer maneira, é o de defender a autonomia humana em face da ameaça do determinismo. Sua motivação básica foi evitar a armadilha de uma visão mecanicista, que entende o comportamento humano como passível de ser explicado apenas nos termos de mudanças materiais no nível microscópico. Esta parece ser uma consequência inescapável da teoria redutivista de Demócrito: explicar a causa de emoções e impulsos das pessoas pelo entrechoque mecânico de átomos, sem nenhum espaço para o self racional autônomo. De sua parte, Epicuro vê um grande problema em dizer que tudo ocorre por causa de partículas em movimento. Temos, de fato, a prenoção, originada em evidências sensíveis, de sermos agentes efetivos. Daí a convicção de senso comum de que temos responsabilidade por nossos atos e a prática razoável de incentivá-los ou inibi-los por meio de recompensa ou punição. O comportamento peculiar ao ser humano ultrapassa em muito, é claro, tudo o mais que acontece ao seu redor. Enfim, em termos um tanto anacrônicos, seria difícil encaixar motivações humanas no padrão de um fisicalismo redutivista — ao menos em seus dias, Epicuro não via recursos teóricos para isso.

Nos fragmentos em tela, Epicuro argumenta que, para explicar a maneira de agir dos humanos, não é suficiente recorrer ao [i] estado de sua constituição física original e anterior a qualquer influência do meio (fator, contudo, de muita relevância) e aos [ii] efeitos do ambiente sobre ela. Isso basta para entender plantas e quiçá animais selvagens (que não respondem a nenhuma tentativa de reorientar seu comportamento).

De novo, Epicuro fia-se em experiências das mais corriqueiras. O nosso modo de agir revela-se flexível e suscetível de variações. Se eu estiver com fome, por exemplo, buscarei comida (como todo e qualquer animal). Mas a forma que darei a essa busca não é um resultado mecânico de minha carência (atômica) e de informações provenientes do ambiente. Minha ação é modulada por mim à medida que sou sua causa: posso evitar o alimento não apetitoso e esperar oportunidade melhor, posso devorá-lo com ou sem moderação. Razão e a capacidade de formular crenças contam para minha atitude. Nada disso implica abandonar o atomismo, no entanto mostra que o ser humano (a interação corpo e alma, ambos compostos de átomos) age por motivações que resultam dele mesmo.

Em tais condições, cabe a discussão sobre o status da causa nesse agente. Seria a chamada "personalidade" um fenômeno emergente, que ganha poder volitivo e pode atuar no nível atômico? Atuar de que modo? Algo dentro das leis físicas, mas não determinado por elas? Como algo de nível fenomênico pode ter influência no nível atômico? Que outra interpretação poderia ser oferecida? A resposta talvez dependa da interpretação dada ao "de um modo separado" [*dialéptikon*] nesta passagem: "Assim, quando um desenvolvimento ocorre ao tomar certa diversidade dos átomos de um modo separado — não daquele decorrente de ver de uma distância diferente —, ele adquire uma causa advinda de si mesmo, que então é transmitida de imediato às primeiras naturezas e faz do todo de si um cânon" (Frag. A.17-8).

No contexto atômico, nós podemos mudar nosso caráter — por meio de pensamento e esforço — e assim interferir em nossa própria estrutura psíquica.

Neste tópico, para um panorama detalhado e exame das linhas de interpretação, argumentos e implicações, ver Tim O'Keefe, *Epicurus on Freedom* (CUP, 2005) — o ensaio do mesmo autor que abre este livro ("Ação e responsabilidade", pp. 49-67) traz um resumo dessas ideias.

Análise do argumento

O Fragmento A é preliminar e defende a tese de que seres humanos são a causa de seu próprio desenvolvimento. O Fragmento B, por sua vez, traz uma digressão que visa refutar o determinismo, ou seja, a ideia de necessidade autômata [*to automaton anagkêi*]; o argumento aponta o vício da autorrefutação [*peritropé*] na atitude de quem nega ser o agente causador das próprias ações, pensamentos e disposições. Não se trata de uma autocontradição formal, e sim "pragmática", pois envolve a prática efetiva de quem argumenta, que colide precisamente com a tese defendida por ele. O redutivista afirma que ações humanas são movimentos de átomos e nada mais; portanto, não ocorrem "por causa de nós". Nesse caso, contudo, argumentar e refutar o opositor seriam comportamentos que contradizem o que é afirmado: ora, se nada ocorre "por nossa causa" e tudo decorre necessariamente de movimentos no nível atômico, qual é o sentido de tentar convencer o opositor a mudar de opinião? Se nada depende dele, mas apenas de sua constituição atômica, seria fútil procurar meios para que mudasse de opinião.

A estratégia é examinada em um artigo seminal de Myles Burnyeat, "Protágoras and Self refutation in Later Greek Philosophy" (1976). David Sedley aponta um paralelo entre o Fragmento B — a refutação do determinismo — e o argumento de Lucrécio (*DRN*, 4, 469-521) para a refutação do ceticismo, ambos com estas táticas: [1] o argumento da autorrefutação, [2] o argumento da linguagem e [3] o argumento pragmático (ver D. Sedley, op. cit; p. 17-8).

[Fragmento A]

Tese: As disposições do ser humano não são um resultado passivo de sua natureza congênita — como os animais —, mas causadas por seu próprio desenvolvimento.

[*2-11*] Argumento: Se um ser humano falha em alcançar certos resultados, como se [1] ele mesmo e [2] a natureza de seus átomos fossem uma mesma e única causa, por ser incapaz de distinguir causas e perceber-se como o responsável, então é repreendido e admoestado. A natureza dos átomos em nada contribuiu para seu comportamento. Seu próprio desenvolvimento é a causa responsável pela falha.

[*12-3*] <... *lacuna*...>

[*16-22*] Um desenvolvimento, ao ocorrer, toma a diversidade da constituição atômica e, de um modo separado, torna-se uma causa contida em si mesma.

[Fragmento B]

[*1-5*] Temos (uns mais, outros menos) potenciais alternativos [sementes — *spermata*] para agir, pensar e fazer coisas. E somos a causa do que é desenvolvido a partir deles.

[*5-8*] Não é o ambiente que nos controla, pois somos a origem de nossas opiniões e por meio delas determinamos os modos e os momentos da influência do ambiente em nós.

[*8-15*] <... *lacuna*...>

[*16-19*] Tratamos uns aos outros como causas efetivas, e não como resultados de nossas constituições inatas e da influência por necessidade do ambiente sobre nós.

[*19-21*] Há quem queira entender de maneira determinista o próprio ato de admoestar e de ser admoestado

(como desdobramentos necessários de uma cadeia causal que independe de nós).

[22-28] <... lacuna... trechos esparsos... lacuna, >

[29-32] *Início do argumento da autorrefutação: ato contradizendo palavra.*

Argumento: O determinista refuta a si mesmo ao argumentar em favor de sua tese: ao agir assim, pressupõe que o oponente *seja* um *agente responsável* pelas próprias ideias. Ora, isso é precisamente o que pretende negar, daí a autorrefutação.

Réplica: A conduta de si próprio também é algo predeterminado.

[32-35] Tréplica: Essa alegação implica regressão ao infinito; e o problema maior não é o vício lógico, mas o fato de que, a cada passo, o determinista negará precisamente com sua atitude aquilo que volta a dizer (de novo e de novo): toda e qualquer vez, defende a tese da inexistência de liberdade e, contradizendo, dá crédito de agente eficiente (livre e capaz de mudar a própria opinião) a si mesmo e ao seu interlocutor.

Em outras palavras, a falha é empírica e está na não averiguação [*epilogismos*] do que ocorre na experiência: atos e palavras estão em choque e anulam-se.

[35-37] O determinista só recuperaria a coerência se abandonasse a discussão.

[38-43] *Argumentos acerca de linguagem*

1º argumento: Se o determinista insistir na conduta, então é claro que está ocupado apenas com palavras, e não com fatos reais: ele nada faz além de dar o nome de "necessidade" àquilo que outro chama de "por causa de nós mesmos". Ora, temos a prenoção de "por nossa causa" no sentido de algo com eficiência causal: um agente responsável por sua conduta. E o determinista nem sequer põe em questão o status da prenoção (que para Epicuro é, de fato, critério de verdade).

[44-51] 2º argumento: Aquele que não admite um "im-

pulso em nós" — uma "causa em nós mesmos" — não poderia de maneira coerente tentar dissuadir outro seja lá do que for. Para fazê-lo, precisaria admitir que "há coisas que estão em nossas mãos". Ora, se agir desse modo, de novo estará no plano das meras palavras, e não dos fatos.

[51-54] 3º argumento: Há condutas que relutamos em tomar e escolhemos não agir em dado momento para evitar um mal maior depois. Quem emprega o termo "necessidade" para todo e qualquer evento não poderia explicar esse tipo de comportamento, que pressupõe a distinção entre o aspecto voluntário e o compulsório.

[55-59] Reafirmação do ponto anterior.

[59-70] *Argumento pragmático: a autorrefutação instanciada* [Demócrito].

Os fundadores do atomismo — Leucipo e Demócrito — são apresentados com o mérito de expoentes na investigação das causas. O mencionado "grande homem" [*ton andra*] é interpretado como Demócrito. Epicuro parece sugerir que é mais fácil pensar no outro como um autômato do que em si mesmo e reconhecer papel importante para a introspecção.

Referências bibliográficas

Edições

ARRIGHETTI, G. *Epicuro, Opere*. Turim, 1961; 1973.
BAILEY, C. *Epicurus: The Extant Remains*. Oxford, 1926.
DORANDI, T. *Diogenes Laertius: Lives of Eminent Philosophers*. Cambridge, 2013.
ISNARDI PARENTE, M. *Opere di Epicuro*. Turim, 1974.
LAURSEN, S. "The Early Parts of Epicurus, *On Nature* 25th Book". *Cronache ercolanesi* 25, pp. 5-109, 1995.
___. "The Later Parts of Epicurus, *On Nature* 25th Book", *Cronache ercolanesi* 27, pp. 5-82, 1997.
LONG, A. A.; SEDLEY, D. N. *The Hellenistic Philosophers*. Cambridge, 1987. v. 1 e 2.
USENER, H. *Epicurea*. Leipzig, 1887.

Traduções

BAIÃO, G. *Epicuro: Cartas, máximas e sentenças*. Lisboa, 2009.
CONCHE, M. *Épicure, lettres et maximes*. Paris, 1987.
GOULET-CAZÉ, M.-O. (Org.). *Diogène Laërce: Vies et doctrines des philosophes illustres*. Paris, 1999.
HICKS, R. D. *Diogenes Laertius: Lives of Eminent Philosophers*. Londres, 1931. v. II.
HUTCHINSON, D. S. *The Epicurus Reader: Select Writings and Testimonia*. Londres, 1994.

KURY, M. da G. *Diôgenes Laêrtios: Vidas e doutrinas dos filósofos ilustres.* Brasília, 2008.
LORENCINI, A.; CARRATONE, E. D. *Epicuro: Carta sobre a felicidade (a Meneceu).* São Paulo, 1997.
MILLER, J. (Org.). *Lives of the Eminent Philosophers: Diogenes Laertius.* Oxford, 2018.
MORAES, J. Q. *Epicuro: Máximas principais.* São Paulo, 2010.
___. *Epicuro: Sentenças vaticanas.* São Paulo, 2018.
MOREL. P.-M. *Épicure: Lettres, maximes et autres textes.* Paris, 2011.

Outros autores epicuristas e antigos

ARISTÓTELES. *De interpretatione.* Cambridge, 1983.
CÍCERO. *De fato.* Cambridge, 1989.
___. *De finibus.* Cambridge, 1999.
GASSENDI, P. *Opera omnia.* Stuttgart, 1964.
GIGANTE, M. *Catalogo dei papiri ercolanesi.* Nápoles, 1979.
LUCRÉCIO. *De rerum natura.* Porto Alegre, 1962.
PLUTARCO. *Moralia.* Cambridge, 1936-2003. v. I-XV.
SEXTUS EMPIRICUS *Adversus mahematictos.* Cambridge, 1987.
SIDER, D. *The Library of the Villa dei Papiri at Herculaneum.* Los Angeles, 2005.
SMITH, M. F. *Diogenes of Oinoanda. The Epicurean Inscription.* Nápoles, 1993.
___. *Supplement to Diogenes of Oinoanda: The Epicurean Inscription.* Nápoles, 2003.

Obras de interesse geral

ALGRA, K.A.; BARNES, J.; MANSFIELD, J.; SCHOFIELD, M. (Orgs.). *The Cambridge History of Hellenistic Philosophy.* Cambridge, 1999.
ANNAS, J.; BARNES, J. *The Modes of Scepticism.* Cambridge, 1985.
ANNAS, J. E. *Hellenistic Philosophy of Mind.* Los Angeles, 1992.
ASMIS, E. *Epicurus' Scientific Method.* Ithaca, 1984.

REFERÊNCIAS BIBLIOGRÁFICAS

BAILEY, C. *The Greeks Atomists and Epicurus*. Oxford, 1928.
BOBZIEN, S. *Determinism and Freedom in Stoic Philosophy*. Oxford, 1998.
CLAY, D. *Paradosis and Survival: Three Chapters in the History of Epicurean Philosophy*. Ann Arbor, 1998.
FOUCAULT, M. *A hermenêutica do sujeito*. São Paulo, 2011.
FOWLER, D. *Lucretius on Atomic Motion: A Commentary on De rerum 2.1-332*. Oxford, 2002.
FURLEY, D. *Two Studies in the Greek Atomists*. Princeton, 1967.
GIGANDET, A.; MOREL, P.-M. (Orgs.). *Ler Epicuro e os epicuristas*. São Paulo, 2007.
HADOT, P. *Exercícios espirituais e filosofia antiga*. São Paulo, 2014.
HANKINSON, R. J. *The Sceptics*. Londres; Nova York, 1995.
___. *Cause and Explanation in Ancient Greek Thought*. Oxford, 1998.
INDELLI, G. *Polistrato: Sul desprezzoirrationale delle opinion popolari*. Nápoles, 1978.
KIRK, G. S.; RAVEN J.; SCHOFIELD, M. *Os filósofos pré-socráticos*. Lisboa, 2013.
LEE, M. *Epistemology After Protagoras: Responses to Relativism in Plato, Aristotle and Democritus*. Oxford, 2005.
LEEUWEN, A. T. V. *Critique of Heaven*. Londres, 1972.
LONG, A. A. *Hellenistic Philosophy: Stoics, Epicureans, Sceptics*. Londres, 1974.
___; SEDLEY, D. N. *The Hellenistic Philosophers*. Cambridge, 1987. V 1 e 2.
MARX, K. *Diferença entre a filosofia da natureza de Demócrito e Epicuro*. Rio de Janeiro, 2018.
MORAES, J. Q. *Epicuro: As luzes da ética*. São Paulo, 1988.
MOREL, P.-M. *Épicure: La Nature et la raison*. Paris, 2013.
NIETZSCHE, F. *Aurora*. São Paulo, 2004.
NUSSBAUM, M. *The Therapy of Desire*. Princeton, 1994.
O'KEEFE. *Epicurus on Freedom*. Cambridge, 2005.
___. *Epicureanism*. Durham, 2010.
RIBEIRO, N.; SOUZA, C. *Fernando Pessoa & o epicurismo*. Lisboa, 2018.
RIST, J. M. *Epicurus: An Introduction*. Cambridge, 1972

SALEM, J. *Commentaire de la Lettre d'Épicure à Hérodote*. Bruxelas, 1993.

___. *Tel un Dieu parmis les homes: L'Éthique d'Épicure*. Paris, 2009.

SORABJI, R. *Emotion and Peace of Mind*. Oxford, 2000.

TAYLOR, C. C. W. *The Atomists: Leucippus and Democritus*. Toronto, 1999.

VAN INWAGEN, P. *An Essay on Free Will*. Oxford, 1983.

WARREN, J. *Epicurus and Democritean Ethics: An Archeology of Ataraxia*. Cambridge, 2002.

___. *Facing Death. Epicurus and his Critics*. Oxford, 2004.

___. (Org.). *The Cambridge Companion to Epicureanism*. Cambridge, 2009.

WEGNER, D. *The Illusion of Conscious Will*. Cambridge, 2002.

WOLFF, F. *L'Être, l'homme, le disciple*. Paris, 2000.

Artigos e capítulos de livros

ANNAS, J. "Epicurus' Philosophy of Mind". *Companions to Ancient Thought — Psychology*, v. 2, pp. 84-101, 1991.

___. "Epicurus on Agency". *Passions and Perceptions: Studies in Hellenistic Philosophy of Mind, Proceedings of the 5th Symposium Hellenisticum*, pp. 53-71, 1993.

ASMIS, E. "Free Action and the Swerve". *Oxford Studies in Ancient Philosophy*, v. 8, pp. 275-90, 1990.

ATHERTON, C. "Reductionism, Rationality and Responsibility: A Discussion of Tim O'Keefe *Epicurus on Freedom*". *Archiv für Geschichte der Philosophie*, v. 89, pp 192-230, 2007.

BERRYMAN, S. "Ancient Automata and Mechanical Explanation". *Phronesis*, v. 48, pp. 344-69, 1988.

BOBZIEN, S. "Did Epicurus Discover the Free-will Problem?". *Oxford Studies in Ancient Philosophy*, v. 19, pp. 287-337, 2000.

COOPER, J. "Pleasure and Desire in Epicurus". *Reason and Emotion: Essays on Ancient Moral Psychology and Ethical Theory*, pp. 485-514, 1999.

CURD, P. "Why Democritus Was Not a Skeptic". *Essays in Ancient Greek Philosophy*, v. VI, pp. 149-69, 2001.
EVERSON, S. "Epicurus on the Truth of the Senses". *Companions to Ancient Thought — Epistemology*, v. 1, pp. 161--83, 1990.
HUBY, P. "The First Discovery of the Freewill Problem". *Philosophy*, v. 42, pp. 353-62, 1967.
KAHN, C. H. "Democritus and the Origins of Moral Psychology". *The American Journal of Philology*, v. 106, n. 1, pp. 1-31, 1985.
KAPITAN, T. "A Master Argument for Incompatibilism?". *The Oxford Handbook of Free Will*, pp.127-57. Oxford, 2002.
KONSTAN, D. "Problems in Epicurean Physics". *Isis*, v. 70, n. 3, pp. 394-418, 1979.
MOREL, P.-M. "Les Ambiguïtés de la conception épicurienne du temps". *Revue philosophique de la France et de l'étranger*, v. 127, pp. 195-211, 2002.
___. "Corps et cosmologie dans la physique d'Épicure 'Lettre à Hérodote', §45". *Revue de métaphysique et de morale*, v. 37, pp. 33-49, 2003.
NAHMIAS, E. "When Consciousness Matters: A Critical Review of Daniel Wegner's *The Illusion of Conscious Will*". *Philosophical Psychology*, v. 15, pp 527-44, 2002.
O'KEEFE, T. "The Ontological Status of Sensible Qualities for Democritus and Epicurus". *Ancient Philosophy*, v. 17, pp. 119-34, 1997.
___. "Is Epicurean Friendship Altruistic?". *Apeiron*, v. 34, pp. 269-305, 2001.
PASNAU, R. "Democritus and Secondary Qualities". *Archiv für Geschichte der Philosophie*, v. 89, pp. 99-121, 2007.
PURINTON, J. "Epicurus on 'Free Volition' and the Atomic Swerve". *Phronesis*, v. 44, pp. 253-99, 1999.
SEDLEY, D. "Epicurus' Refutation of Determinism". *Syz t sis: Studi sull'epicureismo greco e romano offerti a Marcello Gigante*, pp. 11-51. Nápoles, 1983.
___. "Epicurean Anti-reductionism". *Matter and Metaphysics*, pp. 295-327, Nápoles, 1988.
___. "The Inferential Foundations of Epicurean Ethics". *Companions to Ancient Thought — Ethics*, v. 4, pp. 129-50, 1998.

WARDY, J. "Eleatic Pluralism". *Archiv für Geschichte der Philosophie*, v. 70, pp. 125-46, 1988.

WENDLANDT, L.; BALTZLY, D. "Knowing Freedom: Epicurean Philosophy Beyond Atomism and the Swerve". *Phronesis*, v. 49, pp 41-71, 2004.

WOOLF, R. "What Kind of Hedonist Was Epicurus?". *Phronesis*, v. 49, pp 303-22, 2004.

Fontes úteis on-line

Centro Internazionale per lo studio dei papiri ercolanesi (Cispe): www.cispegigante.it/

The Friends of Herculaneum Society: www.herculaneum.ox.ac.uk

Epicurus Wiki: http://wiki.epicurus.info/

LEIA MAIS PENGUIN-COMPANHIA
CLÁSSICOS

Platão

Fedro

Tradução do grego, apresentação e notas de
MARIA CECÍLIA GOMES DOS REIS
Introdução de
JAMES H. NICHOLS JR.

A atividade literária de Platão, considerado um dos pais da filosofia, se estendeu por cerca de meio século. Poucos foram os escritores da Antiguidade que, como ele, exploraram a prosa grega em toda a sua graça e precisão, sua flexibilidade e seu poder.

Fedro é universalmente reconhecido como um dos seus textos mais profundos e belos. Tomando a forma de um diálogo entre Sócrates e Fedro, seu assunto principal é o amor (especialmente o homoerótico). Em seguida, porém, a conversa muda de direção e volta-se para uma discussão acerca da retórica, que deve ser baseada na busca apaixonada pela verdade, aliando-se assim à filosofia.

Esta nova edição de *Fedro*, com tradução direta do grego, apresentação e notas de Maria Cecília Gomes do Reis, inclui um ensaio sobre retórica inédito no Brasil de autoria do americano James H. Nichols Jr., um dos maiores especialistas mundiais na obra de Platão.

LEIA MAIS PENGUIN-COMPANHIA
CLÁSSICOS

Homero

Odisseia

Tradução de
FREDERICO LOURENÇO

A narrativa do regresso de Ulisses a sua terra natal é uma obra de importância sem paralelos na tradição literária ocidental. Sua influência atravessa os séculos e se espalha por todas as formas de arte, dos primórdios do teatro e da ópera até a produção cinematográfica recente. Seus episódios e personagens — a esposa fiel Penélope, o filho virtuoso Telêmaco, a possessiva ninfa Calipso, as sedutoras e perigosas sereias — são parte integrante e indelével de nosso repertório cultural.

Em seu tratado conhecido como *Poética*, Aristóteles resume o livro assim: "Um homem encontra-se no estrangeiro há muitos anos; está sozinho e o deus Posêidon o mantém sob vigilância hostil. Em casa, os pretendentes à mão de sua mulher estão esgotando seus recursos e conspirando para matar seu filho. Então, após enfrentar tempestades e sofrer um naufrágio, ele volta para casa, dá-se a conhecer e ataca os pretendentes: ele sobrevive e os pretendentes são exterminados".

Esta edição de *Odisseia* traz uma excelente introdução de Bernard Knox, que enriquece o debate dos estudiosos, mas principalmente serve de guia para estudantes e leitores, curiosos por conhecer o mais famoso épico de nossa literatura.

WWW.PENGUINCOMPANHIA.COM.BR

LEIA MAIS PENGUIN-COMPANHIA
CLÁSSICOS

Homero

Ilíada

Tradução do grego de
FREDERICO LOURENÇO

Primeiro livro da literatura ocidental, a *Ilíada*, como o próprio nome indica, a princípio parece tratar apenas de um breve incidente ocorrido no cerco dos gregos à cidade troiana de Ílion, a crônica de aproximadamente cinquenta dias de uma guerra que durou dez anos. No entanto, graças à maestria de seu autor, essa janela no tempo se abre para paisagens vastíssimas, repletas de personagens e eventos que ficariam marcados para sempre no imaginário ocidental. É nesse épico homérico que surgem figuras como Páris, Helena, Heitor, Ulisses, Aquiles e Agamêmnon, e em seus versos somos transportados diretamente para a intimidade dos deuses, com suas relações familiares complexas e às vezes cômicas.

Mas, acima de tudo, a *Ilíada* é a narrativa da tragédia de Aquiles. Irritado com Agamêmnon, líder da coalizão grega, por seus mandos na guerra, o célebre semideus se retira da batalha, e os troianos passam a impor grandes derrotas aos gregos. Inconformado com a reviravolta, seu escudeiro Pátroclo volta ao combate e acaba morto por Heitor. Cegado pelo ódio, Aquiles volta à carga sedento por vingança, apesar de todas as previsões sinistras dos oráculos.

LEIA MAIS PENGUIN-COMPANHIA
CLÁSSICOS

Sêneca

Sobre a ira/ Sobre a tranquilidade da alma

Tradução do latim e notas de
JOSÉ EDUARDO S. LOHNER

Para John Stuart Mill, o indivíduo deve ser livre para direcionar sua vida como preferir em tudo aquilo que não cause dano a terceiros, e homens e mulheres devem viver em igualdade. Essas proposições estão no cerne de *Sobre a liberdade* e *Sobre a sujeição das mulheres*.

O filósofo enxergava três fontes de despotismo à sua volta: o Estado, o costume e a opinião pública. Graças a elas, os indivíduos passavam a vida numa existência atrofiada, sem experimentar seu verdadeiro potencial. Foi contra essa diluição dos indivíduos que Mill elaborou sua defesa da liberdade. E numa época em que as mulheres nem sequer podiam votar, exigia a plena igualdade legal e defendia que os homens se desvencilhassem de antigos preconceitos.

Esses ensaios poderosos convidam ao exercício de uma ética da liberdade e buscam a compreensão de hábitos e opiniões diferentes dos nossos, constituindo um pilar fundamental em tempos de intolerância e fanatismo como os de hoje.

WWW.PENGUINCOMPANHIA.COM.BR

LEIA MAIS PENGUIN-COMPANHIA
CLÁSSICOS

Sêneca

Sobre a brevidade da vida/ Sobre a firmeza do sábio

Tradução do latim e notas de
JOSÉ EDUARDO S. LOHNER

Os escritos do filósofo estoico Sêneca pertencem à categoria de obras que mudaram a humanidade e que, universais, resistem à passagem do tempo. Por meio de insights poderosos, eles transformam a maneira como nos vemos e já serviram de guia para inúmeras gerações por sua eloquência, lucidez e sabedoria.

Sobre a brevidade da vida e *Sobre a firmeza do sábio* foram concebidos em forma de cartas e apresentam reflexões essenciais quanto à arte de viver, à passagem do tempo e à importância da razão e da moralidade.

Traduzida do latim por José Eduardo S. Lohner, esta edição conta ainda com notas esclarecedoras do tradutor.

WWW.PENGUINCOMPANHIA.COM.BR

LEIA MAIS PENGUIN-COMPANHIA
CLÁSSICOS

Dante Alighieri

Convívio

Tradução, introdução e notas de
EMANUEL FRANÇA DE BRITO
Apresentação de
GIORGIO INGLESE

Concebido na primeira década do século XIV, provavelmente enquanto Dante estava no exílio, *Convívio* é composto de uma série de comentários acerca de peças poéticas que o autor escreveu em sua juventude. Poemas alegóricos sobre o amor e a filosofia, os versos se transformam em base para explicações filosóficas, literárias, morais e políticas.

Escritos em italiano, para que os não versados em latim pudessem compartilhar daquele conhecimento, os quatro tratados de *Convívio* são a explícita celebração da filosofia e do que ela representa — isto é, o amor pelo saber.

A obra, que se presta muito bem à apreensão da trajetória intelectual e espiritual do autor, demonstra ainda a lógica política e científica de sua época e joga luz sobre os temas filosóficos que percorrem toda a criação de Dante, incluindo a *Divina comédia*.

LEIA MAIS PENGUIN-COMPANHIA
GRANDES IDEIAS

Friedrich Nietzsche

100 aforismos de amor e de morte

Seleção e tradução de
PAULO CÉSAR DE SOUZA

A maioria dos treze livros publicados durante a vida de Nietzsche se compõe de breves seções numeradas. São os chamados "aforismos", que ele adotou dos moralistas franceses do século XVIII e a que deu maior extensão e amplitude temática.
Trata-se de milhares de reflexões sobre os mais diversos temas de filosofia, moral, religião, literatura, sociedade, sexualidade, política e sobre inúmeras personalidades históricas e artísticas.

Desse extraordinário conjunto de observações, o tradutor Paulo César de Souza retirou uma centena de aforismos sobre dois temas universais, que interessam a todo ser humano e que talvez definam o que é ser humano: a necessidade do amor e a consciência da morte.

1ª EDIÇÃO [2021] 3 reimpressões

Esta obra foi composta em Sabon por Alexandre Pimenta e impressa em ofsete pela Lis Gráfica sobre papel Pólen da Suzano S.A. para a Editora Schwarcz em janeiro de 2025

A marca FSC® é a garantia de que a madeira utilizada na fabricação do papel deste livro provém de florestas que foram gerenciadas de maneira ambientalmente correta, socialmente justa e economicamente viável, além de outras fontes de origem controlada.